智元微库
OPEN MIND

成长也是一种美好

TAKING THE STAGE

How Women Can Speak Up,
Stand Out, and Succeed

“即兴演讲”2

女性如何提升影响力

[加]朱迪思·汉弗莱（Judith Humphrey）著
彭 玮 译

人民邮电出版社
北京

图书在版编目（CIP）数据

即兴演讲. 2, 女性如何提升影响力 /（加）朱迪思·汉弗莱（Judith Humphrey）著；彭玮译. -- 北京：人民邮电出版社, 2020.10（2023.2重印）
ISBN 978-7-115-54759-0

Ⅰ. ①即… Ⅱ. ①朱… ②彭… Ⅲ. ①女性－领导人员－语言艺术 Ⅳ. ①C933.22

中国版本图书馆CIP数据核字(2020)第162706号

◆著　[加]朱迪思·汉弗莱（Judith Humphrey）
译　彭　玮
责任编辑　王振杰
责任印制　周昇亮
◆人民邮电出版社出版发行　北京市丰台区成寿寺路 11 号
邮编 100164　电子邮件 315@ptpress.com.cn
网址 https://www.ptpress.com.cn
天津翔远印刷有限公司印刷
◆开本：700×1000　1/16
印张：15.75　2020 年 10 月第 1 版
字数：207 千字　2023 年 2 月天津第 11 次印刷
著作权合同登记号　图字：01-2020-1001 号

定　价：59.80 元

读者服务热线：（010）81055522　印装质量热线：（010）81055316
反盗版热线：（010）81055315
广告经营许可证：京东市监广登字20170147号

谨以此书献给我挚爱的丈夫马克，他一直对我信任有加。

此书也献给巴特和本，她们证明女性能同时拥有

智慧、快乐、视若珍宝的孩子和成功的事业。

赞誉

公众演讲的能力是人们强有力的工具。本书告诉你，自己的观点同其他人的一样重要。我亲眼见证公司员工在参加“登上舞台”培训项目后更愿意在公众面前发声。

——理查德·内斯比特（Richard Nesbitt）

加拿大帝国商业银行旗下金融研究所世界市场首席执行官

“登上舞台”项目对IBM各级女性员工都产生了深远的影响，项目鼓励她们畅所欲言、进行有效的沟通、在客户心中成为至关重要的人物。

——劳伦·奥唐奈（Lauren O’Donnell）

IBM生命科学事业部全球总经理兼副总裁

能为朱迪思·汉弗莱的著作撰写推荐语令我十分激动。朱迪思是一位沟通大师，希望她能如愿以充满力量的文字将实用的信息传递给广大读者。本书将以最积极向上的方式触动全球千万女性的心灵。

——米什莱恩·布沙尔（Micheline Bouchard）

前摩托罗拉加拿大公司首席执行官、国际妇女论坛董事会成员

过去十年间，我们公司一直因女性高管人数少而饱受诟病。但在女性员工阅读朱迪思·汉弗莱的新书后，这一数据一定会大有改观——当

然是朝好的方向改变。我还会把此书推荐给我所有的女性客户以及团队中有女性成员的人。

——杰伊·罗森茨威格（Jay Rosenzweig）

罗森茨威格公司首席执行官

我爱这本书。在首尔的地铁上读这本书时，我感觉作者在娓娓道来一个道理：自然界中应当阴阳并济，雌雄共存。我坚信，如果我们能调和两种力量，让其和谐共生，我们就会成长为更优秀、更强大的领导者。朱迪思·汉弗莱这本精彩绝伦的书将为读者展示如何做到这一点。

——莎伦·谭（Sharon Tan）

高仪公司亚太地区人力资源 / 组织发展部副总裁

序言

我之所以写这本书，是因为我相信自信坚定地表达自我是在事业和生活中取得成功的基础。我亲眼见证千万女性通过“登上舞台”培训项目化茧成蝶，产生很大改变。来我们公司参与过演讲培训的女性都变得敢于表达自己的观点、敢于展现自我，并最终获得了成功，实现了提高自身存在感、赢得他人尊重、提升个人修养的目标，各位读者也可以在本书中读到这些内容。书中提到的励志故事均为学员真人真事。我十分开心能与读者分享我个人对于“登上舞台”这项培训项目的看法以及我25年来作为沟通培训公司负责人的经历和我个人生活的经验。

如何确定本书正是你心之所向？首先请问问自己，你想在讨论时声音更加坚定吗？想在发表演讲时讲话更清晰明了、铿锵有力吗？你希望别人不会因为他们没有听进去你讲的话而中途打断你吗？你想要坚定自信却不咄咄逼人吗？你想要提升自我、提高存在感、讲话有分量、事业更上一层楼吗？你希望展现出类拔萃的领导能力吗？如果你的回答是肯定的，那么这本书正是为你量身定制的。“登上舞台”只是打个比方，我想告诉大家的是：演讲要令人信服，只有这样，我们才能战胜自我，真正成为冠军。本书旨在帮助各行各业的女性工作者在演讲中充满自信，获得参会人员乃至更多人的尊重。阅读本书一定会让你收获满满，接下来就让我们一起开始学习吧！

本书不仅写给广大女性同胞，也写给支持女性取得成功的人们。或许这些人的团队中有女性员工，而他们想将团队塑造得更加强大且多元化；或许他们中有些人希望看到自己的妻子或女儿获得成功。有些男士曾这样对我说："我要送我妻子这本书，这样她就能更自信了。""我女儿特别聪明，只是不太善于面对面沟通，这本书一定对她大有用处。"说得再宽泛一些，这本书写给所有关心女性、在意年轻女孩的未来、认可女性在社会和家庭中的价值的人们。他们认为，女性若能大胆讲出内心所想、展示自我、表现出强大的领导能力，就能在方方面面创造巨大价值。

如果女性想在职场和生活中获得成功、提升自己的影响力，就必须学会即兴演讲。任何一个人想要站在聚光灯下成为众人目光的焦点，就要做好"站在舞台中央"的思想准备，具备以激励人心的说话方式进行交流沟通的能力。女性想要成功，少不了上司、前辈和引荐人的支持，因此，本书每一章最后一个板块是专门写给手下有女性员工的主管或高级经理的，叫作"如何领导女性员工"，该板块旨在帮助各位领导者在职场和生活中给予女性员工更强有力的支持和指导，这也是书中内容具有现实可操作性的具体体现。

本书为读者提供的建议均在汉弗莱集团的女性员工的工作过程中得以实践，并被证明是切实可行的。我自己为女性做培训的经历可以说是这种思想的起点，即不论在工作还是生活中，女性如果想要获得成功，就必须将自己塑造成优秀的沟通达人。我鼓励每一位接受过我的培训的女性在与他人交流沟通时更大胆、坚定、自信，这正是本书想要告诉大家的。如今我们公司共有 35 位培训师，负责培训男性与女性，使其成为讲话更加自信、能够鼓舞人心的沟通达人和领导者。我们的培训在全球范围内开展并获得了相当喜人的成绩。我们为客户做的工作体现在方方面面，比如书中提到的公司宗旨、沟通技巧和成功案例。

本书还讲述了多名来自世界各地的女性的真实经历，她们都参加过“登上舞台”培训项目。其中一部分女性是当面向我讲述她们的故事的，但更多人通过电话采访、电话会议及电子邮件的形式与我分享了她们的成长经历。她们来自不同地区、不同行业，在各自公司中的职位也不尽相同。为保护他人隐私，书中对大多数受访者的真实姓名和私人信息做了处理，但我如实呈现了她们的经历。对于这些勇敢的女性，我不胜感激，因为如果没有她们鼓舞人心的故事，这本书根本无法完成。“登上舞台”以我们的原创研究为基础，“实验室”就是汉弗莱集团，我们在这里进行女性培训工作，已经有40万名女性完成了“登上舞台”培训项目并给出了反馈。这为我们研究女性该如何在工作及其他领域进行交流沟通提供了非常有用的研究资料。

本书也对最近流行的一些作品进行了梳理，这些作品主要聚焦女性在交流沟通方面面临的挑战，提醒女性在面对挑战时应当更加大胆地讲出自己的心里话。这些作品包括谢丽尔·桑德伯格（Sheryl Sandberg）的《向前一步》（*Lean In*）、约翰·格雷（John Gray）和芭芭拉·安妮丝（Barbara Annis）的《性别智商》（*Work with Me*）、凯蒂·凯（Katty Kay）和克莱尔·希普曼（Claire Shipman）的《信心密码》（*The Confidence Code*）。这些作品讨论了女性沟通交流的方式到底是天生如此还是后天习得的。尽管人们对此众说纷纭，各执一词，但大家都认同女性可以在生活中通过努力建立自信，通过掷地有声的语言对他人产生积极、长久的影响。本书旨在为女性提供切实可行的方案，帮助她们在各种场合——无论在演讲、网络会议中，还是在发表个人观点时，都能掷地有声、字字珠玑，展现自信的领导者风范。

本书内容结合了我个人的生活经历，可以说是我生活的写照。我在康涅狄格州的一个小镇中长大，一直十分憧憬“外面的世界”，下决心要找到更大的舞台。正是勇气支撑着我穿梭于不同专业：从音乐到高等教育，再到企业经营，直到最后创立了属于自己的公司。虽然从一个阶段过渡到另一个阶段并非易事，但每一次过渡后，舞台都变得更大了，机会也变得更多了。如今回顾，我在书中谈到的所有品质，例如坚定、自信、敢于直言不讳，都是女性不可或缺的品质，这些品质也逐渐成为我对自己的要求。因此，这本书也反映了我是如何度过人生的艰难时期的。

最后我想说的是，我在这本书中将人们的品质和欲望都开诚布公地写了出来。发表意见是所有人与生俱来的权利，恰如我们呱呱坠地时那响亮且具有穿透力的哭声，因此女性大可不必在面临阻碍时就放弃这种与生俱来的能力。归根结底，本书是对人类生命力的写照。

目录

03 PART 第三部分 释放声音的力量

04 PART 第四部分 在舞台上秀出你自己

① 本书注释见智元微库公司网站：www. zhiyuanbooks. com. 如有需要，请前往网站下载电子版。——编者注

引子

2001 年 1 月，我受邀为 350 名女性经理人和企业高级管理人员做一场演讲。一开始，我欣然接受了此次邀请并把这场演讲当作一次宣传我所在的公司的好机会，但是答应后不久，我就后悔了。

我后悔的原因是这场演讲对于当时的我而言其实是个不小的挑战。我之前确实为四五十人做过相对小型的演讲，可我从未在如此多的人面前做过演讲。由于听众数量庞大，我无法像从前那样与她们密切互动；再加上舞台上的强光会阻碍视线，我甚至可能看不清听众的脸。雪上加霜的是，我的公司——汉弗莱集团，在过去十年间一直从事演讲培训，我的听众中有许多女性是近期接受过我的公司或我个人演讲培训的高管人员。大家很可能对作为公司负责人的我寄予厚望，觉得我的演讲应该无懈可击。尽管我做了充分准备并反复排练过，但真正到了登台演讲时，我还是十分忐忑。以至于我上台后一张嘴就说："我们来谈谈压力吧！"当全场的目光都聚焦在我一人身上时，我又赶紧补充道："因为现在的形势已经与过去大不相同了。"那一刻的坦诚逗得大家捧腹大笑，这笑声就像给我吃了定心丸。接着我告诉参加讲座的女性们："这就是'登台'的真正含义。"我继续说："每当你们登台，哪怕是站在一位听众面前，哪怕是与客户或上司见面，你们一定期望能够影响和触动对方。"然后我进行了简单的自我介绍并说："女性总是羞于登台演讲，但要想展现领导能力，我们就要学会这么做，也必须这么做。"[1]

那场演讲点醒了我，它让我意识到，我确实有在大众面前登台演讲的能力。对我的听众来说，那是一场具有变革性的演讲，因为她们中许多人以前从没听说过这种论调。在和同事们一起为广大女性做了诸多此方面的培训之后，我的脑海中逐渐形成了“即兴演讲”的概念。其实最初我们培训的大多是想要成为超级演说家的男性高管，渐渐地，越来越多女性参与到培训当中，一个非常显著的问题随之出现：与男性不同，当女性成为众人的焦点时，她们大多会非常不自在。我们明白，女性需要更多的鼓励来克服自卑心理及不自在的感觉，只有克服了这些，她们才能像真正强大、自信的领导者那样讲话。

在这场演讲中，我第一次发表这种言论。在我演讲时，演讲厅里十分安静，我从未见过听众如此全神贯注。演讲结束后，一些参会者找到我，提议尽快组织一次培训，探讨女性如何才能登台演讲。现在，我们同时为客户举办对内和对外两种培训。

我很感谢那天到场的女性，也感谢自那时起参加我们公司“登上舞台”培训项目的、来自世界各地的女性，是她们告诉我女性内心极其渴望自信、自如地讲话；也是她们让我明白：如果女性想在职场中获得举足轻重的地位，就要敢于站出来，从容不迫地站在大众面前。

全书概览

我写这本书是为了让女性讲话更有分量，让她们抓住一切机会自我提升，进而在事业上蓬勃向前。就像凯蒂·凯和克莱尔·希普曼在她们合著的《信心密码》一书中提到的那样，如果女性缺乏自信，那么她们就应当采取行动了。[2] 不同于传统女性的社交方式，本书提到的技巧十分具有说服力，能够帮助女性在成为众人焦点时表现得更自如。本书会讲述如何在公司中找到恰当的位置，以此增强自身的影响力。汉弗莱集团在超过 25 年的时间里对千万名女性进行了演讲培训，这为我们研究女性在工作及其他领域中的交流沟通提供了非常有利的经验。

本书共分四个部分。

第一部分介绍为什么“登上舞台是一种选择”。在这一部分，你将学会从精神层面“登上舞台”，即一切都是从有意识地选择开始的，每天都要鼓励自己敢于站出来，勇于直面自己希望被倾听的渴望，即便有人不理解你、不支持你，你仍要坚持。换言之，就是承认自己希望被看到、被听到，希望领导他人。你将学会压制并消除心里这样的声音：“你现在不该讲话。”“你的发言对这次讨论没有任何价值。”你将学会在别人试图贬低你或阻挡你登上舞台时自如地发言、谈论自己的成绩、展现勇气并坚持个人立场。

第二部分教读者“准备出色的演讲脚本”。脚本可以写出来，也可以在大脑中简单构思。在这一部分，你将学会用语言吸引众人的目光。不论在领奖台上、会议室里、一对一面谈中，还是在电话里，每次讲话时，我们都需要准备脚本。有时我们只能在脑海中对自己要说的话列出简单的大纲，有时我们可以把要说的话写在纸上。脚本的格式不固定，但一定要能够清楚地描述你的想法。但不幸的是，许多女性准备的脚本不够完善，会让人们注意到她们的不足之处，或让人们觉得她们永远那么忙碌，总是感到惭愧，经常焦虑、迷茫或紧张，而这些都有损女性的领导地位。比如，有的女性可能会这样说：“对不起，是我的错。”“别管我，我今天只是心情不太好。”“我工作忙死了。”在现实生活中，这对推进任务无益。在本书这一部分，你将学会准备自己的演讲脚本，让自己更符合自信的领导者的角色；令你的语言更加有力，能传递明确的信息、构建完整的框架；使你的演讲内容令人信服；让你能用精彩的开场白吸引听众的注意力，再以真诚的结尾呼吁大家行动起来，将所学内容付诸实践。总而言之，你能学会起草具有说服力的演讲脚本来面对所有情况——从正式会议到职业讨论再到电梯对话。

第三部分讲述“释放声音的力量”。在这一部分，你将学会用声音聚焦众人的目光。我们应当把声音当作帮助我们提升领导力的强有力的武器，但是许多女性却用柔声细语或是甜美嗓音削弱了自己声音的力量，也有人为了防止被别人打断而加快语速，有人还经常在句末提高音调，这听上去像是在提问而不是在坚定果断地讲话。女性这样提高音调会让人觉得她们不自信。第三部分教你克服这些问题，重新找回声音的力量。

第四部分探讨“在舞台上秀出你自己”。在这一部分，你将学习通过肢体语言强化自己的演讲效果。领导者向他人展示自己的自信与能力时，适当得体的肢体语言是必不可少的，但女性的肢体语言通常很不自信，这种不自信表现在许多方面：站姿不够挺拔、手势不够丰富、与听众鲜有眼神交流或是目光躲闪、脸上总挂着讨好的表情、穿着搭配影响大家对自身领导力的关注……本书第四部分将教你练就得体、有力的肢体语言。

总体来说，本书的四个部分将详细说明如何做好精神、语言、声音和肢体语言四方面的工作，成为出色的沟通者。

本书并不是提倡女性要变得和男性一样或者直接按照男性的规则行事。相反，本书呼吁广大女性培养更强大的领导能力来确保自己的声音和想法有人倾听。虽然人们总是将自信、果断和“男性”领导风格联系在一起，但事实上，这些品质并不是男性独有的，女性生来也具备。

即使有人说女性应该更大胆、更果断，我们也不应当忽视女性作为领导者时独有的品质。朱迪·罗森纳（Judy Rosener）博士曾为《哈佛商业评论》杂志撰稿，文章题目为“女性领导方式”（Ways Women Lead），罗森纳博士在文中写道：“优秀的领导者不是从同样的模子里刻出来的。有些工作环境其实更适合非传统（女性的）领导方式，这种领导方式能在当今充满不确定性的世界中为公司创造更多生存机会。”[3] 的确，女性的协作型领导方式对当今公司至关重要。相对于男性，女性更善于倾听、更具同理心、更善于团队合作、能够在最大程度上给予人们支持，而且女性之间的鼓励效果也更好。[4] 约翰·格泽玛（John Gerzema）和迈克尔·丹·安东尼奥（Michael D'Antonio）在其合著的书《雅典娜法则》（*The Athena Doctrine*）中说道：“如果男性能像女性一样思考事情，那么我们的世界会变得更加美好。”[5]

但是，“女性”领导风格更注重他人，却忽略了自身能力。由于这个原因，女性在许多方面取得的成果都不尽人意：工作、升职、荣誉、发表个人意见及对权力的把握。女性应当汲取男性表现出的“阳刚”来中和自身的“阴柔”。采纳本书提出的建议，你就能同时拥有所谓的“男性”和“女性”特质，养成刚柔并济的领导风格。

女性想要养成这种刚柔并济的领导风格，到底有多难？说得再宽泛一些，改变企业文化有多难？社会上有这样一些声音：“社会规范对于男女的区分根深蒂固，导致人们对性别差异产生了刻板印象。就算我们觉得自己冲破了这种思维局限，可也仅仅是我们觉得。”[6] 其实，大多数想在此方面进步的公司已经做得不错了，但冰冻三尺，非一日之寒，改变历史，确切地说是改变企业历史，并不简单。现在到了女性该走出消极假设的时候了，她们应当遵从自己的勇气和决心，抓住晋升机会，为广大女性创造一套新的领导模式。

女性领导模式的积极转变对男性领导者也有益处。加拿大皇家银行环球资产管理首席执行官（CEO）约翰·蒙塔尔巴诺（John Montalbano）在一次采访中告诉我："如果你们的企业文化足够强大，那么公司里的专业人士们就会想和彼此一争高下。这样，不断有人胜出，意味着你最终会拥有顶尖的人才。当你拥有了出色的人才时，无论性别和种族如何，你都应该加以培养，让他们在公司中发挥积极作用。"

就是现在，行动起来

为什么我们迫切需要这本书？在某些领域，女性已经取得了长足的进步。当代女性受教育程度越来越高，在专业领域比以往任何时候都有更充足的知识储备。年轻女性高等教育的入学率和毕业率都要比年轻男性高。[7] 近 60% 的女性获得了学士学位，而在 1960 年，这个数字仅为现在的 1/3。[8] 有人将这一现象称为"高等教育女性化"。[9]

尽管教育领域成果丰硕，在一些专业领域，女性从业者人数也在上涨，但更多研究表明，很少有女性能跻身高管层并掌握较高的权力。不少数据表明，不论从美国还是从全世界来看，女性在公司阶层上的进步一直十分缓慢。[10]《纽约时报》总结道："最重要的行业，尤其是科技行业，依旧由男性掌握，登上美国富豪榜的也大多是男性。在具有同等教育背景和工作能力的情况下，男女依旧同工不同酬。"[11]

这些止步不前的状况不仅损害了公司利益，也让每一位女性深受其害。研究机构 Catalyst 的研究表明，董事会和高管层中女性人数更多的企业效益更好，投资回报也更高。[12] 女性不仅仅是重要的消费者，她们的价值观更是以不同于男性的方式影响了整个社会，她们还是优秀的人才资源。忽视这一点的企业将面临巨大风险。

在《财富》杂志上的一篇文章中，沃伦·巴菲特（Warren Buffett）提到，提拔女性对做好生意至关重要。他在文中写道："女性是我们生意成功的一个重要原因。我们已经很清楚，当一半的人类发挥其能动作用时，我们能实现什么。如果你能想象所有人一起努力会创造何种成就，那么你就会和我一样，对未来持十分乐观的态度。"最后，他在文中号召："男同胞们，加入我们的行列吧。"[13]

"登上舞台"的意义远不止个人提升。在汉弗莱集团，我们见证了各大公司对这项培训项目投入的巨大热情。我们发现，有培训需求的人群不局限于女性。男性高管之所以支持该项目是因为他们希望自己的团队能发挥最高水平。最早介绍 200 位女性员工来参与我们项目的是一位银行投资部门的男性主管，他还介绍了其他倡议和发展项目，效果是有目共睹的。他手下的人才越来越多，更多女性被提拔到了高管层。公司里也有越来越多的女性向她们的经理明确表示，自己理应获得晋升。在选拔过程中，女性充分运用了她们在"登上舞台"培训项目中学到的技巧，给评审人员留下了深刻的印象，她们因此获得了晋升的机会。由此可见，命运是掌握在自己手中的。

女性如何才能稳步前进

政府、企业及其他各类机构采取相关措施是帮助女性前进的关键。尽管如此，本书仍提倡女性自身加快成长的脚步。**女性要让人们相信她**

们是自信的、具备实力的领导者，她们能够鼓舞众人。女性必须以自己的名义登上舞台，秀出自己。

想要登上舞台，就要敢于在会议中发声、勇往直前、大胆说出自己的观点；在面临挑战时、在内心那个声音试图干扰你时，不能退缩；在工作出色时，欣然接受赞美，而不是说"这没什么"或者"是我们整个小组的功劳"；要抓住一切机会，勇于说出"这就是我的想法"；即使觉得自己还不能完全胜任，也应当敦促自己申请领导职位或更高的职位……总之，你一定要让所有人（包括你自己）都知道你是一个不容小觑的人，你不但要自信，还要激励他人也对你有信心。这条路上充满风险，但如果人们最终能听到你的声音、尊重你的言论，那么不论前进的道路上有多少不确定，你都值得一试。

如果女性想要前进，那么通往舞台中心的道路就是必经之路。这里的舞台对于想在商界有所作为的女性来说，是一个积极的、鼓舞人心的比喻。"玻璃天花板"[①]暗示女性能取得的成就是有限的——她们需要用尽力气撞破那道阻止她们进入公司高管层的无形的障碍。而舞台是一种积极的比喻，代表女性取得的进步。女性每天都有许多机会能够在"舞台"上大放异彩，比如在董事会、会议室、办公室、大会厅、演讲厅以及在走廊、电梯与别人偶然相遇的时刻。

作为全球沟通培训公司的创立者和前任总裁，我深谙女性的沟通方式是她们最大的挑战。不论职位、文化程度、行业有何不同，所有女性都面临这个问题。多数情况下，女性不愿意在会上发言、不愿意申请升职、不愿意提出新看法，也不愿意质疑他人的言论；她们在讨论自己的

① 比喻女性在职务升迁上遇到的障碍。——译者注

成就时犹豫不决，在面试和商谈中低估自己；她们讲话时会低估自己在精神、语言、声音和肢体语言方面的表现；她们的领导风格过于温柔，无法令人信服，达不到领导他人的要求。这些行为致使女性成了局外人，无法聚焦众人的目光、坚定地表明自己的想法。开展培训后，我们每天都会收到不少反馈和感谢信，这证明我们的培训项目确实帮助不少女性走向了成功，而本书的灵感也来自于此。一位经理人说："你们的项目改变了我的人生。这些影响十分微妙，我不再总是点头，好像我同意所有人说的所有话；我也不再总是道歉。我站着的时候脊背挺得更直了。我的穿着也开始有了变化，变得更职业了。我主动要求主持水利办公室的安全会议。过去我漫无目标，而现在我有了职业目标，我把更多精力放在要努力的方向上，人们觉得我越来越像一名领导者了。"

另一位女士告诉我们："我所在的行业男性居多，而我又身材娇小。在这里我学到自己必须在那些块头有我三倍大的男性面前勇敢地站出来说：'听着，我很认真。我知道自己在说什么。事情就应该这样解决。'事实上，在我这么说了以后，他们的回答都是：'好的，女士。'"

登上舞台并不仅仅指面对那些职业生涯中的重要时刻，有时可能只是在一次会议中举手发言、主动申请负责一个项目或提出不同的意见。我们的出发点是要自己意识到，无论身处公司休息室还是在线上与上司、客户或同事交流，我们时时刻刻都在聚光灯下。

书中的技巧不仅适用于商界，也适用于私人生活和人际交往。一位女士曾说；"我是一家私人高尔夫球俱乐部的董事会成员，另外 12 位董事会成员都是男性。我以前总是安静地坐着，听他们讨论财务和其他方面的问题；我以前总是不愿意张口说：'稍等一下，某某问题正是我们需要处理的。'但自从参加了'登上舞台'这个项目，我开始陈述自己的想法，而且董事会的其他成员都开始重视我的看法了。许多人给予我积极正面的评价。我也在前不久成功当选了俱乐部主管。”

商界女性的生活中充满了这样的机会。你能否把握机会获得成功，取决于你能否意识到这正是展示领导能力的时机，你要抓住这些机会提升自己的影响力并鼓舞他人。

现在就是女性登上舞台的最佳时刻。本书将带领各位读者以全新的视角认识自己，深入了解中央舞台心态和各类技巧。无论你遇到什么样的阻碍，书中的各类技巧都将助你下定决心向前进发。抓住每一个机会，你会在工作和生活中大放异彩，获得成功。

01 PART

第一部分

登上舞台是一种选择

CHAPTER 1

第一章

他们告诉你要合群，你千万不要听

从小到大，我都不安于现状。我们家有姐妹五人，她们四个总是一起滑冰、滑雪、逗宠物以及和英俊的男孩子约会、露营、在营地认识新朋友。但我对这种年轻人之间的娱乐活动丝毫不感兴趣。有一天深夜，我躺在床上，毫无睡意，数着自己剩余的日子，计算这种单调乏味的日子还要忍受多久。

我家住在一个很小的镇子上，那里没有公交，没有火车，更没有出租车。我常常幻想自己一路狂奔到镇子大路的尽头，招手拦下一辆公交车，让它载我到远方。

当时，我唯一的出路就是努力学习小提琴。音乐把我带出了那个闭塞的小镇，带到一个完全不一样的、多姿多彩的世界。在这里，我孤身一人，却发现了一个全新的自己。这个世界充斥着音乐，高手如云，老师对我信任有加，学校对我的音乐才能视若珍宝。尽管我的父母态度强硬，他们觉得音乐家放荡不羁，因此不希望我走音乐这条路。但我坚持自己的选择，自食其力，在经济上实现了独立。通过兼职、贷款、争取奖学金，我设法自己交学费、赚生活费，最终拿到了两个学士学位。

这种自主将我推向了更大的平台。我读研的时候买了一辆凯旋牌摩托车，还在社区教一门有关“女性主义”的课程。我大学时的男朋友称我为“现代女性”。年复一年，因为这些经历，我在众人面前展示自我时越来越自如，我也获得了更大的成功。

大多数女性迫于社会压力而选择合群，也就是靠他人的认可来定义自己。说实话，那些按照别人的期望行事的女性过得往往比我容易得多。但如果想在生意场上开疆拓土，女性就必须直面严峻的现实：男性能轻而易举地站在聚光灯下宣示自己的地位，而女性的社交习惯让她们无法像男性那样自如地面对众人的目光。只有充分了解这些差异产生的影响，女性才能超越自我，展现领导者的姿态。

人们总是告诉女性要平庸、合群

让我们从上学时的社交互动谈起。在《朝九晚五：商务谈话礼仪和技巧》（*Talking from 9 to 5: Women and Men at Work*）一书中，作家黛波拉·坦纳（Deborah Tannen）谈道："人们认为男性应该锋芒毕露，着重展现自己的优点，隐藏自己的缺点；女性则应该谦逊、不夺人眼球，她们应当表现得和其他人差不多，而不是与众不同。可女性这样做却会让她们显得缺乏自信。"[1]

打童年时起，女孩子就知道表现得太过自信会让自己在同龄人中不受欢迎。如果哪个女孩子对自己的成绩太过自豪，那么女生小团体就会孤立这个女孩，嘲讽她"她太傲慢了"或是"她以为自己是谁"。如果一个女孩子告诉别人应该做什么，大家会觉得她"专横"。身为女孩，我们听得最多的就是我们不应该过度展现自我或者太过成功。对于这一点，我在用奖学金报名修习第二学位——英语文学的时候有过切身体会。我打电话回家，本来是想告诉家里这个好消息，可我的父亲却劝我："别拿那么多学位，否则男人都不敢喜欢你了。"虽然这并没有让我在学习的道路上停下脚步，但有时候我难免会想，或许父亲说的是对的。

我的女客户向我描述过她们的经历。一位女性高管曾告诉我："我总是想要抬高别人。高中的时候，老师经常安排我做一些领导工作，这让我觉得很尴尬。我做事时，如果涉及个人成就，我会试着少提及我的成绩，而多去颂扬别人，认为这样人们就不会对我产生逆反心理。我总是说：'我的成就不值一提。'直到现在，我还总是这样看低自己。"

另一位叫特里的女士回忆起童年时十分悲伤，她说："我小时候安静又害羞。我记得有一次我组织小朋友们一起做游戏，那时候，充当领导者角色的我兴奋极了。我当时几乎是在朝一个朋友大喊：'我们做这个。'又和另一个朋友说：'你站在那边。'我感觉好极了。但我妈妈听到后，斥责我说话太过直接、大声。她说：'特里，声音小点！'从那以后，我说话的声音就一直很小。"

一直以来，女孩们被教导说话时不能咄咄逼人，不能太过直接。我们家一共有五个女孩，妈妈常说："不许拌嘴！不许吵架！我生五个女儿不是让你们来吵架的，是让你们做彼此最好的朋友。"在这种规范下长大的女孩，遵守资源、权力均分的原则，家庭鼓励女孩们保持平凡、一致，以确保每个人获得的成就和社会地位都差不多。

多琳·洛伦佐（Doreen Lorenzo）是一家创意产品社会化电商公司的总裁，她也同意这一观点："比起男孩，人们更喜欢教女孩要懂得合作。我认为女孩们在学校学不到如何变得自信。在高中，女孩们大多想加入各个小圈子，所以不会做任何越界的事。男孩们大多喜欢往运动方面发展，所以更愿意冒险。"[2]这种包容反而害了女性，让她们在能够脱颖而出的时候不敢勇敢地站出来，由于男孩经历过各种起伏，这让他们在竞争最高职位的过程中拥有了一种社会动力。

即使年少时是“假小子”，随着年龄增长，这些女孩似乎也会回到“正轨”。一位女客户告诉我：“在我字斟句酌的时候，大脑里总有两个想法，一个推我向前，一个拉我回来。我害怕变得大胆、高傲、有闯劲。小的时候，仿佛是初生牛犊不怕虎，我参加过许多校园竞赛。可升入高中以后，我安静了许多。等我再大一些，性别认同开始对我产生影响。我不喜欢自己小时候的那股闯劲了，于是试图对此做出弥补。”

女性不愿彰显自我

童年时期养成的习惯会伴随我们进入成年。在董事会或其他商业场合中，女性被众人的目光锁定时会感到十分不自在，更不要说发表不同见解了。

女性经理和高管通常更喜欢指导和培养他人，因为这样她们就可以把注意力放在对方而不是自己身上。例如，她们和自己的团队成员讨论问题时会十分放松，因为此时权力是平等下放给每个人的，她们能自如地做出有价值的引导并接受成员积极的反馈。女性还十分愿意充当团队中的“工蜂”，因为这样她们不必站出来发表意见。大多数时候，她们更像是幕后工作者。

但当她们不得不发表意见，以此获得他人的尊重时，女性的社交风格往往令她们退缩。英国声乐教练帕齐·罗登堡（Patsy Rodenburg）写过一篇文章，题为“演讲的力量：职场女性和她们的声音”（Powerspeak: Women and Their Voices in the Workplace）。作者在文中写道：“男性交流时重视领地意识；女性交流时总在弱化、否定自己的影响，为他人做铺垫，她们毫无领地意识。”[3]据罗登堡解释，这种“弱化”会影响女性的用词、女性的思考模式、女性表达意见的方式，甚至还会影响女性的站姿和坐姿。这种谦逊的行为不仅会对年轻女性的性格产生影响，还会影响大多数年长女性。

我培训的许多女性高管都不愿意“站在聚光灯下”，因为那会令她们感到尴尬。当过多目光聚焦在她们身上时，她们反而会底气不足。我观察过一位 CEO，在接受培训之前，她站在听众面前时并不直面听众，而是将头微微偏向一侧，像是在征求别人的同意。她身体摇摆不定，说话声音又轻又细，听上去犹犹豫豫的。这还是她在讲述自己公司的卓越成就的时候。事后，她自己也承认，感觉自己站在众人面前时就像一个冒名顶替的骗子。

这种不习惯是所有女性的通病，它让女性在众人面前时十分紧张、不愿意在会议上发言、争取晋升机会时踌躇不前、只想观察别人自己却不愿发言。在汉弗莱集团，我们目睹了无数不愿走上舞台接受众人目光的洗礼的女性。下面的例子只是众多案例中的一小部分。

- 一位高管跟我说：“当我被要求在会议上就自己的工作发言或者在管理层会议就某个问题发表见解时，我都不知道自己该说些什么。我讲话的时候感觉很局促，眼神飘忽不定，看起来十分不自信。人们一定会好奇我是怎么坐上副总裁的位置的。”
- 一位物流公司的经理说：“我老是怯场，也不喜欢站在一大群人面前，所以我总是以最快的速度完成演讲，能多快就多快。我还是和熟悉的人一起工作时最自在。”
- 一位资深银行家告诉我：“当集团或公司重组时，男性会主动找到新的负责人表明自己非常乐意与之共事，而女性则更愿意原地不动，等别人来找自己，但这几乎是不可能发生的。”

- 一位银行总裁面见了公司人事部的员工，人事部的8位员工均为女性。总裁讲话时，她们听得很认真，但当总裁与她们谈话时，没有一个人发言。最终，8位女性都没有抓住在总裁面前展示自我的机会。
- 一位女工程师说：“我喜欢观察别人的言行，至于大家是否在认真听我说话，我并不在意。”
- 一位新入职的年轻女性为能和前辈一起参加客户会议而感到开心不已，但会议全程她都保持沉默，因为她的前辈在会议中没有向客户介绍她。

并非所有女性都不愿意展示自我，但是我接触的许多女性都说她们会避免成为众人的焦点。这对女性来说是个普遍问题。当她们无可避免地成为焦点时，她们会想办法避开众人的注意，或者弱化自身的力量。有些女性还没意识到自己这样的行为，但如果一直蜷缩在自己的保护壳里，她们将为此付出更高的代价。

这些行为反映出女性在交流沟通时不想让别人认为自己是过于强大、成功、自信的人。她们采取的社交策略是合群而不是特立独行。上述场景每天都会在各大公司中上演，这也解释了为什么女性职场人容易止步不前。一般来说，女性不想成为众人的焦点，也没有“要站在舞台中心”的想法。她们更习惯于站在一边，衬托别人的优秀。

如果不大胆展示自我，就无法脱颖而出

我们听到最多的规劝就是要我们合群，但是现在，我们必须学着“鹤立鸡群”。要做到这一点，我们要摈弃刻意贬低自己的习惯，试着习惯被别人认真倾听。你要认识到，只有你的影响力大到足以影响他人、能让别人听从你讲的话，你才能在生意场或其他领域有所作为。

要想达成这个目标，我们必须在众人面前展示自我，敢于在任何场合大胆发言，我们要清晰有力地将我们的想法说出口，说服大众，以此改变我们过去留给他人的社交印象。这意味着困难来临时，我们不能退缩，要拿出“向前冲”的精神。

对于想在更高层次上获得成功的女性来说，“登上舞台”促使她们做出改变，让别人倾听她们，让自己敢于争取晋升机会。本书将教你在众人面前大胆地展示自我。

敢于展示自我，你才能脱颖而出。

如何领导女性员工

因为受到社会行为习惯的影响，女性总是藏在自己的保护壳中。这往往会掩盖她们的实力以及对有所作为的渴望。在团队中，通过鼓励女性展示自我，女性员工将获得提升，你的团队也将更加精锐、优秀。

- 开会时点名发言，女性受邀会欣然发言。
- 给予能力强的女性负责项目或进入委员会的机会。

- 让女性以演讲者的身份参会。
- 倾听女性的想法。安大略省一家公司的 CEO 汤姆·马里内利（Tom Marinelli）说自己和三个姐妹一起长大，所以十分清楚女性和男性讲话方式的不同。他学着聆听自己的姐妹、妻子和女儿的声音，他表示：“这让我更能倾听女性的想法。因为她们有时会受到我们（男性领导者）的压制，所以我们在倾听时要更加包容。这种包容能帮助我们所有人，无论男女。”
- 给予女性晋升和指导其他女性的机会。

CHAPTER 2

第二章

让心中聒噪的乌鸦闭嘴

心理学家马里昂·伍德曼（Marion Woodman）在其著作《对极致完美上瘾》（*Addiction to Perfection*）中提到，她写这本书时，心里总有个声音在不断指责她，她把这种负面声音称作"乌鸦"。伍德曼解释说："我一直在和我肩头的乌鸦斗争，这只乌鸦叽叽喳喳地不停发牢骚：'你书写得还不够好，尽是些陈词滥调，根本就没表达清楚。'"[1] 这只乌鸦抓住一切机会打击她作为作家的自信心。

我相信很多女性都遇到过和伍德曼一样的情况：肩头站着一只乌鸦，它喋喋不休，对我们产生消极影响。女性登上舞台之前，首先必须面对这种压力，这也是我们在社交生活中面临的最具挑战的问题之一。

参加我们的培训项目的女性中，内心存在负面声音的至少占九成。我们在公司研讨室里放了一尊丑陋的黑色乌鸦雕像，当我们把雕像放在桌子上的那一刻，在场的所有女性都惊呼："天呐，乌鸦！就是这只乌鸦整日在我的脑海里聒噪。"每个人心中的乌鸦或许有所不同，但对很多女性来说，她们心中都有一个声音在作祟，语气充满侮辱、奚落和嘲讽。你心里有这样的乌鸦吗？问问自己："这只乌鸦什么时候最让你苦恼？"如果想成为优秀的领导者，想在众人面前自信地发表演讲，我们就必须击退这只乌鸦。

心中的乌鸦会说些什么

把心里自我贬低的声音比作一只乌鸦情有可原，因为这个声音十分聒噪，而且乌鸦一词本身就含有消极意义。英语俚语用“吃乌鸦”（eat crow）表示自嘲。事实确实如此。我们心中的乌鸦不遗余力地让我们难堪，摧残着我们的自信。

正如阿里安娜·赫芬顿（Arianna Huffington）在其著作《论成为无畏者》（*On Becoming Fearless*）中写的那样：“想象一下，如果有人发明一台能与人类大脑相连的小型录音机，用它记录一切人类心中所想，也就是我们脑海中所有的自说自话，我们会发现，即使是最恶毒的敌人也不会像我们这样刻薄地评价自己。我们每天一睁眼，刻薄的评价就随之而来，有时甚至不等我们醒来，它们就已经‘严阵以待’了。这简直就像一个全世界最烦的人一天24小时都待在你身边。”[2]

以下是我们培训过的女性心里那只聒噪的乌鸦的故事。

- 一位财务人员在给同事们做演讲时听到乌鸦说：“你会搞砸的。不是每个人都希望你成功，他们肯定在想：‘目前她的表现还行，看看她能不能保持下去，说不定马上就会出岔子。’”
- 一位常务董事听到自己内心的乌鸦说：“如果拿不下这笔交易，你就是个彻头彻尾的失败者。”
- 一位高管休完产假回到工作岗位时内心的乌鸦说：“所有人都盯着你的一举一动，想顶替你的位子。他们会考验你、评论你、挑你的刺。”

- 一位CEO说自己有“冒名顶替综合征”[①]。乌鸦不断跟她说：“你确实身居高位，但这个位子不属于你。”
- 一家全球银行风险管理部门的副总开会时听到乌鸦说：“快闭嘴吧，这个会议室里有的是比你聪明、比你资历深的人。”
- 一家物流公司的项目经理说自己经常因为沮丧骂自己“又笨又傻”，甚至有时在孩子面前也是这样的。事后她又担心：“孩子们心目中最重要的女性榜样经常说自己愚蠢，这是我希望看到的吗？”

这些女性通常事业发展得很不错，其中有些人已经坐上了公司最高的位置。所以我们能很清楚地看到，不论处于什么职位的女性，内心都会有一只恼人的乌鸦，它贬低女性的自我价值，在女性应当表现得强大的时候干扰她们。由于这是心里的声音，外人根本无从得知。但是在我们公司的研讨会上，这只乌鸦经常“现出原形”。一位新入职的女士向大家提起自己内心的乌鸦。她强忍泪水对她同样参与了研讨会的领导说：“我一直觉得自己让您失望了，我达不到您的期待。”她的领导却回答：“其实我很惊喜。你工作做得非常好。”

即使是那些看起来十分自信的著名女性，内心也有乌鸦。获得奥斯卡金像奖的女演员安妮·海瑟薇（Anne Hathaway）说：“有时候人们就是会把一些不重要的小事放在心上，总觉得谁都在观察自己，心想：‘那个工作人员在打量我吗？他是不是在对我评头论足？是不是因为他合作过的其他人都很优秀，所以在想我为什么这么差劲？’”[3]

① Impostor Syndrome，指成功成年人中有33%的人感觉自己的成功不是理所应当的。——编者注

世界著名潜水员曼迪-雷·克鲁克谢克（Mandy-Rae Cruikshank）是世界女子潜水深度纪录保持者。在谈到自由潜水时她曾表示，每一次潜水对她来说都是一场心理战。她潜水时只带一个面罩，在深呼一口气后开始向深海进发，在这个过程中，仿佛始终有一群邪恶的猴子骑在她肩上，在她耳边喋喋不休，摧毁她的自信："其他人也能潜到这里。别人会说：'喔，你还真是有深度的人！但你是无法成功的！你会喘不上气的，姑娘！'"那些猴子会用各种各样的语言恐吓她。[4]

玛丽莲·梦露（Marilyn Monroe）心里的乌鸦也许是负面情绪最重的一只。她写过一些回忆录，其中包含她做过的梦，其中有一个噩梦是她还在学表演时做的。她梦到她的表演老师李·斯特拉斯伯格（Lee Strasberg）成了一名外科医生。回忆录里写到，在梦里，医生给梦露开胸之后发现里面什么也没有。斯特拉斯伯格失望至极。后面的描述更可怕："只有一堆锯末。就像是锯开了一个布娃娃，地板上、桌子上，到处都是锯末，H医生（梦露的心理医生，梦里是他协助斯特拉斯伯格完成此次手术）感到很困惑，因为她突然意识到这是一种新型疾病。患上这种病的病人，简直就是一具行尸走肉般的空壳。"这个梦戏剧化地描述了梦露内心的乌鸦最丑恶的一面。[5]

乌鸦不仅贬低女性的智慧和专业能力，还攻击她们的外貌。当我们把上课的录像回放给学员时，我们总能听到这样的声音："我看起来好胖啊。""我根本不适合穿那件衣服。""哇，我该去去脸上的皱纹了。"为什么我们如此在意自己的年龄、体重和容貌呢？引起听众共鸣的方法有千万种，故意贬低自己绝不是其中一种。

女性在会上发言时，她们心里的那只乌鸦仿佛就站在肩头喋喋不休："你对此项目一无所知，怎么敢发言"或是"你准备得还不够充分”。即使你鼓足勇气发言了，乌鸦也会奚落你：“这发言听上去蠢极了。你脑袋里到底在想什么？怪不得没人听你说话。”如果一个人肩头有这么一只颐指气使的鸟，她很难发自内心地真正放松。

有孩子的职业女性也会听到乌鸦的责备。“你应该在家陪孩子。”想在做“好妈妈”的同时在事业上有所建树实在太难了。虽然我似乎兼顾了这两点，但当我每天踏着上课铃声把儿子送到学校时，我心里的乌鸦又开始吹毛求疵了：“如果你是全职母亲，就能准时把孩子送到学校。”

男性内心有这样的乌鸦吗？按照加阳国际农业公司（Agrium）首席财务官（CFO）史蒂芬·戴尔（Stephen Dyer）的说法来看，答案是肯定的。在和公司近40名女性谈话之后，戴尔表示：“当我告诉她们我和其他人一样，也会在就任新职时感到恐慌，她们十分诧异。以前我感觉自己无法将这种情绪说出口。但就在四五年前，我公开承认自己有阅读障碍，我知道这是自己的一个弱点。每个人都有弱点，我们应该把自己的弱点告诉别人。如果男性领导者能讲出自己在职业生涯中面对的恐惧，将大大有助于女性员工在职业生涯中表现得更加自如。”

男性应该更多地讲出自身的缺点，女性需要压制她们内心的乌鸦，不给它们喋喋不休的机会。事实也是如此，如果比较男性和女性心中的乌鸦，我想女性心中的乌鸦更唠叨。

如何赶走心中的乌鸦

乌鸦十分狡猾，但我们可以用强大的意念赶走它们。做到以下五点，你将不再受其烦扰。

一、正视乌鸦的存在

我们在女性研讨会上询问参会者，她们心中是否有这样一只乌鸦在作祟。大家的回应通常很热烈。当我向200名女性中的一位听众提问“你心中是否总有一个声音在不断否定自己”时，在场的每一位女性都点头表示自己心中有这样的声音。我们还让参会者在纸上写下乌鸦对她们说过的话。我们要求大家坦诚相待，不能有所隐瞒。然后，我们把纸揉成一团，作为赶走乌鸦的第一步。

二、不给乌鸦说话的机会

虽然你总受乌鸦困扰，但是要知道，除你之外，没人听得到它的声音。如果能意识到这一点，你就能慢慢摆脱这种干扰了。就像参加培训的一位女士对我们说：“你可能觉得自己太过臃肿，或者会在照镜子的时候说：‘我的天啊，这也太胖了吧！’但其实你看到的自己和别人看到的你可能并不一样。不要关注这些负面的自我认知。”这位女士继续说道：“我以前的上司和我说：‘宇宙不需要知道每一次微小的失误。’”

因此，把乌鸦压在自己心底吧。不要在别人面前贬低自己。如果乌鸦非要喋喋不休，你就把这些难听的话吞掉，不要表现出来。把对自己的负面评价记录下来，这样可以有效抑制乌鸦的出现。在记录的过程中努力让自己对自己的负面评价越来越少。我们的目标就是让记录越来越短！

三、自信起来

乌鸦以我们对安全感的匮乏为食，所以一切增强自信的举动都会消灭乌鸦嚣张的气焰。在这里，准备工作至关重要。一位物流公司的区域经理解释说：“我每周都会参加高管领导团队的会议。过去，我参加会议前几乎不做任何准备，因此开会时非常紧张，时常手脚冰凉。但现在不一样了，我会提前想好自己的发言内容。准备工作减轻了我的自我怀疑，让我在和领导团队开电话会议时更加自信，还让我能更加坚定地对乌鸦说：'我不再是你的傀儡了，我能自己处理好一切！'"要想战胜内心的乌鸦，你就要在重大会议前做好准备工作，这样你才能在开会时更加自信。

四、抽出时间自我关怀

要想摆脱乌鸦的喋喋不休，就要用内心坚定、自信的声音压过乌鸦的声音，时刻提醒自己是十分重要的人。正如一位即将就自己监管的项目发表演讲的女士所说："整个上午我都在不停地告诉自己：'我是项目经理，我是项目经理，我是项目经理。'我把这句话牢记在脑海中，用积极正面的思想赶走讨厌的乌鸦。我觉得自己做得非常好。"另一位我培训过的女士每次面试员工或参加高管会议前都会对自己说："我是世界顶尖科技公司的市场部副总。"她一遍又一遍地重复这句"咒语"，让自己专注于专业领域，从而表现得更加自信。内心进行自我谈话的时刻正是自我关怀的时刻，在这个过程中，你要包容自己的不完美和脆弱。克里斯托弗·肯·吉莫（Christopher K. Germer）在其著作《不与自己对抗，你就会更强大》（*The Mindful Path to Self-Compassion*）一书中写道："每天抽出一点时间关怀一下自己，你会发现一整天都会大有不同。如果能坚持做下去，你的人生将产生很大改变。"[6]

五、否定心里的乌鸦

只要我们越来越勇敢，乌鸦就会离我们而去，至少不再整日吵吵嚷嚷，因为乌鸦发现自己的负面评价已经无法影响你了。当你从座位上站起来走向会议室时，你的乌鸦也许会说：“你太紧张了，人们可能根本不想听你说什么。”这是很消极的信息，受其影响，你怎么可能站在会议室前和每个人友好地打招呼，说“早上好”？相反，当你走到会议室门前时，你应该暗示自己：“我足够强大、足够优秀。这将是我最棒的演讲，听众们也会为我鼓掌。”这能帮你更上一层楼，带着积极向上的心态重新开始。

对抗乌鸦其实并不难，在它说你无话可说时畅所欲言，在它向你传递负面情绪时坚持自我。我上大学时，班里许多女孩家境富裕，且读过名校预科，她们上课时发言积极，回答问题不费吹灰之力。我暗自发誓，虽然自己来自小地方，上的是公立高中，但一定要在每堂课上都举手发言、说出自己的想法。事实证明，我做到了。尽管我每次举手回答问题或发言前都紧张得颤抖，但我依旧强迫自己这么做。渐渐地，乌鸦不再对我产生影响，我每次说话都充满自信。

虽然乌鸦对我们的评判足以影响我们对自己的判断，但若能做到以上五点，你将不再受其烦扰。如果我们想在与他人沟通时表现得自信、强大、威严，如果我们想让别人相信我们的能力，就必须摈弃负面思想。我们若能战胜乌鸦、听从自己的内心行事，就能完全专注于自己脚下的舞台，说话时自然也会充满力量和权威，铿锵有力，字字珠玑。

如何领导女性员工

许多女性心里都住着一只喋喋不休的乌鸦，乌鸦告诉她们自己不够优秀、不够聪明、不能胜任目前的工作。女性心中理想的领导者往往是能倾听她们讲述自己的恐慌和紧张且不做任何批判性评论的领导者。你可以通过以下几点帮助女性员工提升自我价值，为公司创造更多成就。

- 不要将女性员工贬低自己的言论当真，这只是她们焦虑和恐慌的表现。
- 私下教导女性员工不要看轻自己，因为自我轻视也会让别人对她们失去信心。利用私下谈话的机会夸一夸她们。
- 通过询问女性员工对于事物、问题、挑战的感受，帮助她们找寻自己的声音。
- 给女性员工讲讲你感到紧张时发生的故事，让她们知道自己并不孤单。

CHAPTER 3

第三章

培养“站到舞台中央”的心态

我认识一位人力资源主管，她为一家国际科技公司工作了20年，从事人才选拔工作10年之久。她通过自己的努力跻身管理层，并且希望能在事业上更进一步。但此后一段时间，她却止步不前了。她的绩效评估等级一流，领导也对她称赞有加，但她就是没有升职，她本人为此苦恼不已。

也许是旁观者清，听了她的讲述，我十分清楚问题就出在她自己身上。其实最近有一个晋升机会，但是她放弃了。为什么呢？“我上司说他不能没有我。”她这样解释道，“再说，当时也快到圣诞节假期了，我有很多物件需要置办，没时间考虑这件事。”难怪她多年没有升职。你能想象一个男人会因为要给家里买东西或他的上司需要他而拒绝升职吗？这个真实的故事背后隐藏着令人悲伤的事实：能否进步其实和是否有外部障碍并无关系。如果你想成功，就必须先下定想要成功的决心，即站在舞台中央的决心。本章教给你三个步骤，帮你下定决心。

第1步：相信自己足够优秀、足以成为众人的焦点

你需要做的第一件事就是明白自己足够优秀，有资格站在聚光灯下。一位女性投资银行家告诉我：“我们的客户多数是在对冲基金行业

工作的男性，他们都十分有能力。我与他们打交道时会告诉自己，我有足够的实力在谈判桌上占据一席之地。”玛格丽特·撒切尔——西方世界最有权势的女性之一，就认为自己有实力在政界占据一席之地。玛格丽特 9 岁那年参加过一个地方举办的戏剧节并获得了诗歌朗诵奖，她的校长对她说：“玛格丽特，你可真幸运！”她回答说：“这不是幸运，这是我应得的。”[1] 在我们为女性开设的课程中，我们会对学员提问：“你们当中有多少人上学时是那个老师提问每次都知道答案又常常举手的女孩？”一般有 3/4 的女性会说：“那不就是我吗！”但这些女性表示，当 CEO 或者公司高管找她们面谈，问她们“你对这件事或那件事有什么看法”时，她们常常一言不发。尽管如此，她们依然有资格站在聚光灯下。相信自己足够优秀、足以成为众人的焦点对你事业成功至关重要。

第 2 步：抓住一切机会展示自我

一旦成为众人的焦点，就要抓住一切机会展示自我，大放异彩。IBM 曾做过一项名为“你的高管之旅”（Your Journey to Executive）的调查，来自 30 个国家及地区的 639 名 IBM 女性高管参与了这次调查。调查研究员希瑟·豪厄尔（Heather Howell）和金·斯蒂芬斯（Kim Stephens）根据调查结果表示：“绩效高固然重要，但只有这些还不够。想要成功走上高管的位置，还要足够引人注目。你要主动充当不可或缺、万众瞩目的角色，这会让你得到提升，获得更多展示自己的实力和领导能力的机会。”[2]

几年前，我在一次会议上见到了英特尔公司的前任 CEO 克雷格·贝瑞特（Craig Barrett），我问他：“如何才能让女性在英特尔这样的公司取得成功呢？”他毫不犹豫地回答：“她们要自告奋勇，自己争取晋升机会和新项目。可遗憾的是，很多人做的还不够。”[3]加拿大帝国商业银行旗下金融研究所世界市场 CEO 理查德·内斯比特也说过类似的话，他鼓励女性：“告诉你的领导你也想成为委员会的一员，想通过新项目证明自己能做得比现在更好，想得到晋升机会。你不必非要规划长期职业目标，但至少要知道下一步该做什么。对女性来说，最重要的是努力争取晋升机会，当然，这也要考虑个人情况。”

女性的领导者、引荐人和前辈也能为女性争取机会提供莫大的帮助。我的朋友凯瑟琳跟我讲过领导者给她机会、让她在众人面前大放异彩的故事。

> 我当时初到纽约，在一家声誉良好的金融服务公司任高级副总裁，这是我职业生涯中第一份“大”工作。在总公司年度会议召开的前一天晚上，公司执行副总裁（人力资源部）给我打电话说他病得很厉害，嗓子都哑了。他说：“我需要你明天替我在会上作报告。”可我当时才进公司三个月！不过我根本没时间抱怨，没时间听我内心的乌鸦喋喋不休，我干脆地回答道：“好的，这件事就交给我吧。”后来我才意识到，托我帮忙的执行副总裁在公司人气很高，如果那天开会我搞砸了，可能会断送自己的前程。我还被告知有两万名来自全国各地分公司的员工将亲临现场或通过视频参加会议。“放轻松！”我告诉自己。虽然我只有短短 15 分钟的“露脸”时间，但是这次报告获得了极大的成功。我的演讲发自肺腑，内容丰富全面，我当即得到了大家的信任——员工和高管们都开始视我为可信赖之人。

同理，所有女性都应当抓住机会，在事业上表现得勇敢一些。男性似乎天生就有一股闯劲，而女性通常对自己的实力有所保留。一家大银行的发言人说："在积极争取下一份工作方面，女性不像男性那样积极进取。女性只有在需要一份工作时才会行动。而男性不同，他们一直在物色新的工作。表示想做最高层工作的男女数量相同，但差异在于女性认为自己得不到这样的工作，因此她们通常不会为此努力尝试。男性通常在入职第二天就开始和领导谈论奖金的事情，而女性只会在发奖金后才谈论自己刚刚收到的奖金。她们会说'谢天谢地发奖金了'；女性时常感恩，男性则野心勃勃；女性关注自己有什么，男性则关注自己想要什么。"

抓住职业生涯中的机会，你就能向世界展示自己是一位能力超群、野心勃勃的领导者。英国皇家邮政（Britain's Royal Mail）CEO 高莱雅（Moya Greene）说："雄心壮志不仅仅是简单的四个字，女性应当大胆考虑新工作，而不是把野心深藏于心。"[4] 只有明确了事业目标，人才有可能获得成功。简而言之，你必须有一心一意抓住机会的决心。露西尔女士告诉我："我们公司可能要成立一个新部门，我觉得自己是新部门主管的不二人选。参加'登上舞台'培训项目之前，我可能会想：'我希望他们能选我做主管。'但现在的我一定会自己争取这个职位。"在争取新职位或任务的过程中，我们一定要全力以赴，不遗余力地展现自己的实力。不要再说"我觉得我能胜任"，而要让大家知道你完全能胜任新的工作。

几乎没人会为实现最终目标制定确切的路线图，所以你也觉得自己没必要做这些。但其实，许多机遇都是突如其来的，是我们意料之外的，只有反应足够快才能抓住它们，确立大体目标能指导你的职场之路，带给你事业成功所需的动力、激情和奉献精神。

我从没有详细规划过自己的职业生涯，实际上我的职业生涯中不乏偶然机遇。但我的雄心壮志一直伴随我前进，而实现雄心壮志的方式就是正确地沟通交流。我一直希望自己能够不断创造成就，创造有意义的东西，因为我想做出巨大的贡献。我的母亲给了我动力，是她让我明白一切皆有可能。她过去常常对我说："人一生应该做一些伟大的事。"母亲的话如同一股动力注入我的职业生涯。尽管路途艰难曲折，但这股动力推动我不断向前。

抓住身边的一切机会，让雄心推动你走向更高、更大的平台。当你不断努力前进时，你会感觉仿佛有一股力量推着你向下一个机会进发。我曾经采访过的一位高管说："其实公司并不知道该如何提拔你，因此你要主动确定自己下一步的行动，让领导和同事们都知道你要朝哪个方向发展。"

第 3 步：不要躲在自己的保护壳里

如果有一条万能法则能让你时刻站在舞台中心，那就是碰壁时不安于现状，敢于冲破壁障。正如在"登上舞台"培训项目结课时，一位女性说："有时候你会感觉人们希望你老老实实地守在你的岗位上，因为你离退休不远了。但即使我刚刚过了自己的'六十大寿'，如果听说有一个主管的位置空了下来，我还是会申请这个职位的。"

女性解释她们为什么选择"离开舞台"时，大多数人说她们出于私人原因或家庭原因，但事实上这些都不是真正的原因。对许多女性及一部分男性来说，与其整日待在办公室，以此换取成功的事业，倒不如多花点时间在家陪陪孩子。任何事情都有两面性，既有利也有弊，女性应该将选择权掌握在自己手中。如果你想留在舞台中央、继续奋斗事业，就要一反女性传统角色，做好与孩子、伴侣和父母相处的时间大大减少的思想准备。如果你无法做出明确选择，你会困惑于“为何我的事业发展遥遥无期”也就不难理解了。

在我第一次怀孕 8 个月时，我辞去了在大学教书的工作。这本来是我暂时退出职场的绝佳机会，但是我并不希望中断自己的职业生涯，所以我去面试了另一份工作。面试时我穿着全套孕妇装，看起来就像一个大谷仓。我记得自己当时很热，而面试官咄咄逼人，高压环境让我喘不过气来。不过我还是应聘成功了——儿子出生那天，我接到了录用通知，8 周后我开始了工作。这份工作让我迈入公关行业，开启了我人生中一段异常精彩的职业经历。我很激动，因为我进入了一个全新的领域，我笃信，在这里，我的事业将蒸蒸日上！

对于希望事业有成的女性来说，专注于工作至关重要。和许多其他事情一样，我做这个决定也十分艰难。我的孩子迈出第一步时，我不在他身边；孩子睡觉时，我得摸黑穿衣服，好几次因为摸黑穿衣而衣着不得体。我前后雇过六任保姆，每一位都收费高昂，但工作成果极不理想。但最终一切都好起来了。如今，我的大儿子是我在汉弗莱集团的继任者，他现在已出任公司 CEO。兼顾工作和家庭实属不易，从中做选择更加艰难，至少对我来说是这样的，我想对你们中的大多数人来说也是这样的。

但请记得，不要让任何事情把你逼回自己的保护壳里，舞台中央才是属于你的位置，你要尽可能地留在那里。培养领导者心态很重要，你要意识到自己足够优秀，你要相信自己有能力成为众人的焦点，你要懂得把握机会、充分展现自我，而不是被挑战吓退。虽然平衡家庭与事业的关系很难，但不能让困难动摇你的事业或毁了你的家庭。“站到舞台中央”的心态将指引你走向更好的未来。

如何领导女性员工

女性需要被鼓励，鼓励让她们能站到舞台中央并全身心投入工作。你可以成为改变她们的那个人。

- 鼓励女性员工在工作上敢于冒险，突破“我没法胜任，因为……”的“理性”底线。
- 永远不要让“我的上司需要我，所以我打算放弃那个机会”成为女性员工放弃上升机会的理由。教她们在面对事业问题时“自私”一点，不要总是那么“无私”。
- 不要替女性员工做决定，比如“她才成家不久，肯定不会考虑这种国际项目”。
- 作为领导者，不要觉得和女性员工谈论工作与家庭之间的平衡问题是禁区。如果有女性员工跟你提起这类问题，就开诚布公地和她们聊聊，给予她们支持。你无权评判他人的选择，但你应当劝说女性员工投入工作，休完产假后重回工作岗位，与公司共进退，同成长。

CHAPTER 4

第四章

大胆说出你的想法

有位年轻的加拿大女工程师参加了公司名为“管理人员核安全文化”的培训项目。培训接近尾声时，负责人要求大家以桌为单位选代表发言，分享心得。这位年轻的工程师被选为代表，她十分从容地起身发言，清晰明了地讲述了核反应堆的重要安全标准。正如她后来所言，发言带来了更让人惊喜的事：“就在发言的过程中，我突然意识到自己是在和总工程师谈论核安全问题。我坚持己见，一点也不觉得紧张局促。我想，这就是我在舞台上的高光时刻。”

对于希望在事业上有所作为的女性来说，当务之急是大胆说出内心的想法。加拿大皇家银行环球资产管理 CEO 约翰·蒙塔尔巴诺告诉我：“对于女性而言，在正式场合发言时保持自信至关重要，比如说在运营委员会会议或董事会会议上发言时。在许多情况下，一个人能否成为领导者取决于这个人为团队做出的贡献的多少，这对获取同事们的信任至关重要。如果你是领导，意味着你是众人中能力最强的那个。此时，要想得到同事的支持，你就要获取他们的信任。”换言之，如果你闭口不言，没人知道你在想些什么，也就没人了解你有多么优秀，他们自然会觉得你没有什么重要的事情可说。

但是，大胆说出心中所想对于许多女性以及一部分男性来说并非易事。对此，加阳国际农业公司 CFO 史蒂芬·戴尔总结得十分到位：“女性比男性更愿意在幕后工作。她们对于公开发言、发表评论和提出建议感到很不自在。男性一般比女性更具攻击性，也更自信。但这并不意味着女性就不能发声，女性只是需要有人鼓励她们提出自己的观点。”好在为女性创造这种环境的公司和领导越来越多了，但更重要的是，女性也要意识到这是自己的职责，主动进行自我激励，鼓励自己大胆说出心中所想。想要大胆说出个人想法，秘诀在于将以下谈话技巧内化于心，用它们提升自信，为自己畅所欲言打下坚实的基础。

多露面

想要大胆说出内心的想法，首先要多露面，比如多参加公司组织的线上活动、同前辈或引荐人出席会议、主动申请新工作或者和你的领导面谈。经过很长时间的观察，我们发现很多女性总是不肯主动露面。在一家和我们合作的高科技公司里，与 CEO 一同参加网络会议的人中一位女性都没有。一位女主管曾经十分郁闷地对我说，在公司，有个能力明显逊色于她的男同事先她一步升了职，升职的原因是他每个月都会主动找直属领导面谈，以达到“推销”自己的目的，而她只是默默无闻地工作。

事实上，对高层领导者来说，社交也并不简单。据雅虎 CEO 玛丽莎·梅耶尔（Marissa Mayer）说，她本人十分内向，但为了工作不得不“强迫”自己参加一些非正式聚会。她解释说，在到达会场后最初的 15 分钟里，她满脑子想的都是怎么离开。但是她会看着手表提醒自己：“X 点前一定不能离开。”[1] 事实证明，她只要能在聚会上坚持待够自己规定的最低时间限度，就能慢慢融入聚会，享受和别人交流的过程了。

多露面，不仅意味增加曝光率，还意味着实实在在融入当时的环境。参加面试、会议、社交活动，看起来没什么实际意义，但这些都是你提升形象、增强自信的机会。参加上述活动不仅可以帮你在别人心中树立积极形象，还让你有机会近距离接触其他优秀的人。

切记做足准备

人们总是认为只有参加正式活动之前才需要做准备，例如整理幻灯片或计划会议议程。当然，你肯定需要为重要的演讲做一些准备工作。但是，对于一位职业女性而言，在参加非正式活动前做准备也很有必要。一位公关经理曾说："日常生活中，我是个健谈、轻松、随和的人，我也很喜欢这样的自己。虽然与人交流对我而言并不困难，但我明白，即使是非正式会议，我也要提前做足准备。我们部门每周都会开例会，会前我会想好自己要怎样发言。"一位银行家也说过："在参加这个培训项目之前，我开会时发言十分随性。但是现在，我在上班的路上会想：'我今天要和同事们说些什么？谈谈某个客户吗？还是谈一下机遇问题？'"

除了工作谈话，你还要为偶然的对话做好准备。电梯间对话就是需要提前准备的即兴对话的完美例子。我会告诉私人客户如果早上八点在休息室冲咖啡时遇到公司高管该如何与他们聊天。在这种情况下，如果没有提前准备，你很容易不假思索地说出一些日常用语，像是"今天天气真糟糕"，但是要是提前做过准备，你就会言之有物。比如你的销售主管刚从国外出差回来，你可以问他"这次旅行顺利吗"或者"遇到了很多新客户吧"。这样的问题不仅能证明你关心工作，也给了你敞开心扉和上司聊天的机会。

时刻为社交活动做准备，你才能充分利用机会。另外，不妨提前了解参与活动的人员名单，以便确定自己想和谁交谈、谈些什么。谈话时不妨放聪明一点，多聊聊对方关心的问题。一位人力资源主管和我说过："社交活动的重点应当是对方，而人们常误认为自己才是社交活动的重心。当然，你也要提前准备好自我介绍。参加社交活动前一定要尽你所能提前了解你想与之交谈的人的情况。如果能做到这些，那么你就能在和别人聊天的时候说：'我看了一篇十分有趣的文章，之后发给您。''我在报纸上看到您升职了，恭喜您。'"很多女性不善于搜集信息，也不善于在人际交往中利用这些信息，因此，从现在开始，让我们学着利用此类信息建立人际网络吧。

学会倾听他人，也倾听自己

懂得倾听是大胆说出内心想法必不可少的品质。事实上，女性大多数时候是最佳倾听者。朱迪·罗森纳在《哈佛商业评论》上发表文章指出，女性擅长"鼓励参与，分享信息，下放权力"。[2]这是女性的优势。但在倾听的同时，女性不能人云亦云，没有主见。想获得好的交流效果，首先要权衡"听到的"和"想说的"。别人讲话的时候，我们不妨问问自己："我也这么认为吗？""我从中得到了什么解决方案？""我怎样才能在此基础上更进一步呢？"只有想清楚这些问题，你才能大胆说出内心所想，也才能不受他人干扰，坚持自己的观点。

在一期培训中，来自泰国的人力资源总监苏米特拉和我们分享了她如何意识到在倾听的同时不忘自己的想法的重要性。

我很乐于倾听，但我听取别人的意见时，常常不能坚持自己的观点。我总是屈服于别人的想法，以至于很多时候尽管我并不赞成讨论结果却还是选择接受。在听过你的课后，有次我和一位男同事产生了分歧。在讨论过程中，我听得很认真，但也在时刻提醒自己要批判性地看待他的观点。就像在培训中学到的那样，我保持冷静，在脑海中搜索出一条让我们达成一致的关键信息。接着，我给出了我的专业意见，告诉他我认为怎么做对公司最有利，提醒他我们都要做出适当的让步。最终，我们合作制定了最佳解决方案。

无论你是听一个人说话还是与一个团队讨论，这个案例都能让你明白一个道理：聆听别人讲话时，你要保持冷静，不但要听取别人的观点，还要保持自己的想法。你可以把这个过程想象成“听录音”。一边听一边思考，通过这种“一心二用”的方式，你可以将讨论引入下一阶段，找到问题的解决方案，实现各方的目标。如果你能做到上述要点，你便能够自信地畅所欲言了。

不要妄自菲薄

想要大家认真地听你讲话，就要讲一些自己做出的成绩。约翰·蒙塔尔巴诺是这样解释这一观点的：“当今世界竞争激烈，多数公司都奉行精英体制。想要从众多员工中脱颖而出，你就必须清楚地说明你为公司做出了什么贡献，同时，你还要表现出你愿意继续为公司奋斗的热忱。公司高管需要确切地知道你为公司带来了什么利益和正面影响，只有这样，他们才会提拔你。”

当你阐述公司成就的时候，其实也传递了这些内容。但是，女性往往太过专注于谈论工作本身，却忘了阐述自己的贡献。尽管这么做似乎让她们的讲话更加充实，却会让听众们感到无趣。人们更愿意听一语中的、逻辑清晰、高度概括的信息。

不要对讲述自己的功绩感到难为情，事实上，每个人都有权将自己描述成聪明、有能力、有智慧的人。一位高管告诉过我，他的团队中有一位职位很高的女士总是故意收敛自己的锋芒，因为她希望人们喜欢她，而不是惧怕她。许多女性都面临一道难题：是选择讨人喜欢，还是选择在讨论中宣扬自己的功绩。事实上，如今绝大多数企业不需要轻易妄自菲薄的人，隐藏锋芒对你没有任何好处。

培养公司政治“第六感”

无论女性还是男性，如果发现听众中有比自己资历更高的人，他们大多会感到紧张不安。但如果你对公司政治足够敏锐，你便能够以精准的方式把信息传递给正确的人，你就能提高自己的声誉，获得尊重。

许多男性似乎有一种与生俱来的公司政治意识——可能是因为在过去很长一段时间内他们本身就是政治结构和等级制度的一部分。但是女性则通常置身于公司的政治结构之外，在现实中，她们更倾向于和自己喜欢的人而非掌握权力的人交往。认为公司政治虚伪而复杂的女性要比男性多。有一位女士说：“我不会拍马屁，也不会顺竿爬。我不想把大把时间花在和高管搞好关系上。我反而觉得，为了给他们留个好印象而刻意搞好关系，这是在显摆自己。我宁愿把时间花在和团队一起完成工作上，和下属搞好关系才是我应该做的事情。”这位女士的观点听上去貌似有理有据，但透露出的态度可能会影响她的前程。

树立良好的公司政治意识要做到以下几点。

首先，弄清公司的主要负责人。一位女主管说：“我们公司处处体现着公司政治色彩。有的人懂得分辨谁才是公司最高决策者，谁是能够影响他们事业的人。这样，在遇到困难时，他们知道该向谁寻求帮助。”

想要弄清谁是公司的主要负责人，可以按照以下步骤进行。先列出5位公司中对你的工作起关键作用的人，按照你们的关系近远对他们进行分类：初步交往、有一定交情、关系牢固。然后，想想自己如何让你们的关系更进一步。举个例子，假设你初来乍到，你知道你上司的领导是那5个关键人物之一，但现在你与他仅仅是认识而已。因此，你可以问问你的上司是否愿意安排你和她的领导——执行副总裁——每月面谈一次。你要解释你为什么要向她的领导报告工作，阐明这对你的重要性和对公司的好处。按这些步骤来做，你不但能说出自己的真实想法，还能在事业上取得进步。另外，在高管身边工作的行政助理和教练也有可能是你的关键人物，不应将他们排除在你的人际圈外。

其次，把每一个场景都看作巩固与领导关系的机会。不论是参加管理层会议还是出席社交活动，你都应该关注高层人士。珍惜每一次有高管出席的论坛，尽可能地坐得离他们近一些。许多女性在会议室就座时会尽可能地离领导远一些，因为她们觉得和认识的人坐在一起更自在。但为了能不断进步，我们应该避免总是与老朋友及熟悉的同事抱团，而要抓住一切机会打破僵局，同高管自然地聊天。

一位女性高管建议：“时刻留意公司的高管层。尽你所能了解高管人员的想法，例如，对于公司的发展目标，他们倾向于哪个方向，又不喜欢什么。”你和他们谈话时可以谈谈他们关注的问题，这样，你就能在得到他们尊重的同时获得自信。

说话直截了当

大胆说出心中的想法当然也包括说话直截了当。由于女性希望自己讨人喜欢，所以经常说一些容易得到别人认可的话，避免遭到别人质疑。但是，被喜欢和被尊重是不一样的，不要试图在会议室里寻找温馨。要做一名自信的沟通者，说话时坚定自信，必要时提出自己独特的观点。

说话直截了当主要包括以下内容。

从内容上说，说出你认为可以推进对话的观点，即使这些观点有时会挑战别人的看法。但男性经常这样做。一位女士说：“在我们公司，一般都是男性提出质疑性观点，他们明白这是引起高管注意的好方法。男性在这方面真的做得很好，他们不在乎主管会不会反驳他们，而女性会害怕遭到反驳。男性觉得提出质疑的观点是对别人和自己负责的行为，会让自己变得更强大；我们女性却觉得这是在挑战权威。”

从人际交往的必要性上说，无论和上司还是和下属谈话，坦率都很重要。女性领导和员工谈话时往往过于为他人考虑，所以说话会很委婉，但这反而会有让员工听不出重要信息的风险。女性领导和上级谈话时同样也很委婉，因为她们担心得罪上司，但这会造成十分严重的后果：别人觉得她们不是可靠之人。让我们来听听一位女性高级银行家的建议：“我必须一直向 CEO 报告‘真相’。我会说：‘有些股东不相信您的指导，他们认为您给出的数据太过夸张。请对此做出解释！’这就是我的工作——告诉他们事实。”摩根大通银行主席兼 CEO 杰米·戴蒙（Jamie Dimon）高度赞扬了公司前首席投资官艾娜·德鲁（Ina Drew）：“如果我的想法有问题，她会直接告诉我这个主意糟糕透了。她很有主见，是位有魄力的女士。”[3]

惠普 CEO 梅格·惠特曼（Meg Whitman）挑战权威的行为没有成为她职业生涯的绊脚石，反而成为她的助力。惠特曼曾经是贝恩咨询公司的初级合伙人，有一次，她问公司 CEO 汤姆·蒂尔尼（Tom Tierney）想不想让员工对其领导风格给出一些反馈。在他点头说“好”之后，惠特曼在白板上画了一台蒸汽压路机，说：“汤姆，这就是你。你太一意孤行了，根本不给我们和你商量事情的机会，也不给我们与你共同领导公司的机会。”蒂尔尼当时大吃一惊，但后来他表示自己很认同并重视惠特曼说的那番话，他也确实在领导风格上改变了不少。他还说：“那次谈话让我更信任梅格了。”[4]

本章讨论的内容极具实用性，能给你信心，让你敢于大胆说出内心想法。如果你能按照书中的内容做，你能让别人更了解你，让自己在事业上向前迈进一大步，为公司做出更大贡献。

如何领导女性员工

无论男性还是女性，都应该大胆说出内心的想法。但正如本章所讲，在成为自信的演讲者的道路上，女性会比男性面临更多挑战。作为领导，你可以在女性员工努力的过程中给予帮助。

- 开会前，要求女性员工提前考虑会议议题，告诉她们你希望听到的想法和观点。

- 开会时，让女性员工参与讨论。之所以这样做，是因为除非有人邀请她们一起讨论，否则多数女性都习惯藏在自己的保护壳中。这样做几次之后，团队中的女性领导者可能会更频繁地发言。
- 营造一个舒适、包容的会议氛围。领导有时可能因为太过专注于会议内容而忘记考虑其他人是否跟得上自己的节奏。
- 如果女性员工提出好的观点，请加以肯定。女性尤其需要他人的肯定和鼓励。

CHAPTER 5

第五章

要坚定自信，而非咄咄逼人

最近的一次晚宴上，我凭借自己为汉弗莱集团做出的贡献而受到了表彰。参加晚宴的所有员工、客户、家属和朋友都向我敬酒，称赞我的创业精神。在晚宴进入尾声时，我的一位朋友走到宴会厅最前面对各位宾客说："我认识朱迪思的时间比你们任何人都要长。她是我见过的最咄咄逼人的女性。"我惊呆了，这番话在我听起来仿佛晴天霹雳，特别是它还出自我的老朋友之口。虽然她本意是赞美我，但反映了一个事实：如果女性在工作或生活中坚持己见、果断自信，周围的人无论男女，都会刻板地认为她是一个"咄咄逼人"的女人。

事实上，坚定自信（assertive）和咄咄逼人（aggressive）有着天壤之别，了解二者的区别十分重要。坚定自信是有自信心的表现，是自我肯定——展现你对自己和自身想法的肯定。想站上舞台，果断自信是必不可少的品质。咄咄逼人一词源自拉丁语 *aggression*，原意为"攻击"，现在一般用来表示"持续攻击"。咄咄逼人意味着不停反对别人的观点，这反而会适得其反，最终导致人们关上交流的窗户。因此，如果能站上舞台，那么你说话行事要坚定自信，不能咄咄逼人。只要能分辨二者并站在对的一边，你在人际交往中将如鱼得水，你自然会赢得听众的信任，在事业上大获成功。

人们常把女性的坚定自信看作咄咄逼人

不能否认，尽管有些女性确实显得“颐指气使”或者有一些咄咄逼人，但人们往往更愿意用这些词语来形容女性而非男性。为了弄清楚这个问题，脸书首席运营官（COO）、《向前一步》的作者谢丽尔·桑德伯格经常在演讲时问听众是否曾被指责在工作时过于咄咄逼人，并让有此类情况的人举手示意。她说：“很少有男人在这时举手。”但当她问女性这个问题时，却有许多人举起了手。[1]

为什么女性总是被指责咄咄逼人？这多半是因为人们认为女性“柔弱”这一刻板印象。当女性不再“友善亲切”，而变得坚定自信时，人们往往会觉得她们“咄咄逼人”“过于强势”“刻薄暴躁”“喜怒无常”或是“固执己见”。不止一位高管曾向我抱怨：“我们公司有一些女性比男性还强势。我不知道她们为什么要这么做，她们真的太咄咄逼人了。”相反，在过去的25年内，我从未听到哪怕有一位高管向我抱怨公司里的男性太过强势。

这样的态度说明了为什么女性做领导者总是不被看好。最近，一项盖洛普民意测验①结果显示，男性和女性都更愿意为男上司工作。参加测验的人中有35%乐意由男性管理，只有23%乐意由女性管理。不过，自1953年这个问题被提出以来，这两个数据之间的差距一直在缩小。1953年，选择男上司的人有55%，而选择女上司的人只有5%。[2]

---

① Gallup poll，由盖洛普设计的用以调查民众的看法、意见和心态的一种测试方法，始于20世纪30年代。——编者注

不要担心被贴上“强势”的标签

一旦被贴上“强势”“咄咄逼人”“固执己见”的标签，不要做出负面回应，这对你没有好处，也不会改变人们对你的评价。你之所以会被贴上这样的标签，可能只是因为你是一位坚定自信的领导者。事实上，关于女性过于强势的指责比男性多得多。对于这一现状，硬碰硬并非上策，保持沉默或试图以混淆视听来撕掉这些标签也不是解决问题的方法。阿里安娜·赫芬顿在其著作《论成为无畏者》中写道：“我们如此渴望受人喜爱，总是担心会和别人疏远，所以我们试图通过藏锋露拙得到我们想要的……为人友善固然不错，可如果我们因此不再发声，这种友善就会让我们心力交瘁，最终失去自我。”[3] 正如谢丽尔·桑德伯格所言，我们不如大方接受这些标签，能被贴上标签说明我们有不错的领导能力。[4] 就把它们当作一种赞美吧！但是，不要用这些标签描述自己或其他女性，尤其不要用标签描述年轻女孩。我以前见过一个小女孩，她穿着一件短袖上衣，衣服上印有颜色鲜艳明亮的“强势”二字。我不禁想：“再过多久她就会开始以强势者自居了呢？”

请谨记，被贴上“咄咄逼人”“过于强势”或是“为人刻薄”的标签并不是你的错，问题不出在你身上。尽管我们都愿意被贴上“更有吸引力”的标签，但要知道，那些“强势”的标签不过是人们对于强大女性的刻板印象。

说话做事千万不要咄咄逼人

如果你已经是一名强大的领导者，注意千万不要咄咄逼人。咄咄逼人的人有以下特征：易怒、情绪化、经常对他人进行人身攻击。也许通过发脾气你能获得一时的好处，但长远来看，这对于想要登上舞台的人没有任何好处。如果你有这种行为，改掉它们。

咄咄逼人实为不妥，坚定自信才最可取。但有些女性在工作时易怒急躁是有迹可循的。女性在说话被打断、被无视、被看轻而生气时往往会不自主地提高嗓门，听起来咄咄逼人。其实女性心里的独白可能是这样的："根本没人听我说话！好吧，这次他们会听的——我会强迫他们听。"公司的一位教练和我说："有时候，我发现女性身上隐藏着一种攻击性，这是因为她们的做法无人理解。"事实上，在男性主导话语权的世界里，直言不讳对女性来说并不容易，坚定自信也会被认为咄咄逼人。

很多时候，女性由于无法理解男性的一些行为而感到十分焦躁。例如，有一位女高管说："我发现男性就是为了说话而说话。他们觉得'我人在这儿，那我就必须说点什么'。但其实他们不过是在夸夸其谈。"这让女性感到很心烦，因为她们觉得这种花招太过浮夸，而且一点也不真诚。因此，在某些场合，女性有时会一言不发，但有时她们又会咄咄逼人，语气强硬。

有时候女性可能会因为不安而开启被动进攻模式，例如下面这个出自我们研讨会的例子。

> 瓦莱丽找到我们说："我受够了在我演讲时接话茬打断我的人。"她说，在出现这种情况时，自己已经尽可能地提高嗓门了，但他们的声音更大。我们的教练建议她在演讲一开始就告诉听众，把一切问题和评论都留在演讲结束。但是，当她试着这样做的时候，却开启了被动进攻模式。她说："请各位务

必注意，接下来的演讲我不希望被任何人打断。”她的遣词造句充满怒气，语调听上去也满是恼怒。说完话，她眉头紧皱，下巴微抬，嘴唇紧闭，显得十分严肃和愤怒。

女性不妨挑挑公司或部门里轻视女性的人的刺。我们公司的一位高级女客户说：“我是一名审计师，手下有几位员工。有时候她们从总裁办公室回来以后会很难过、沮丧，因为CEO冲她们大吼大叫。对此我不能坐视不管，我必须用同样的方式吼回去，他才会把我当回事。”

我第一份工作是为一家很有实力的科技公司效力。虽然我的领导是一位优秀的前辈，但是他经常朝员工发火。我常常从他办公室出来后就快要哭了——虽然我不是一个容易屈服的人。开员工大会的时候大家都一言不发，生怕被领导指责。太多公司在纵容这样的行为，甚至有的时候，员工在讲互相交流时还会推崇这种行为。但其实这对领导者领导公司没有任何好处，反而会疏远员工，打击他们对公司的忠诚度，影响他们的工作效率。

用坚定自信来回应咄咄逼人，或者像第八章讨论的那样，坚持个人立场。不要被怒气、沮丧或心中隐藏的攻击性支配。本书的大部分内容都可以作为培养自信的指南来阅读。虽然各部分侧重于不同内容，但都在讲述如何培养坚定自信的品质——从下定决心登上舞台到创作自己的演讲脚本，努力增强声音的力量，培养领导力。

很长一段时间以来，女性都承受着被人们认为咄咄逼人的负担。人们总是不分青红皂白地把这个不公平的标签贴在自信的女性身上。别让这顶乱扣的帽子影响到你。不过，你要提醒自己，要远离消极的品质。无论男性还是女性，我们都应该共同迈向更高的境界。这让我想到黛博拉·本顿（Debra Benton）写的一本关于高管的书——《狮子不必咆哮》（*Lions Don't Need to Roar*）。[5] 尽管这本书出版于1992年，但其中的内容在今天仍然具有极高的实用性。在书中，作者告诉我们要共同努力，营造一个充满自信却不紧张的氛围，在这里，没有人会咄咄逼人，也没有人会给别人随意贴标签，只有这样，我们才能成为更优秀的领导者。

如何领导女性员工

一般情况下，"咄咄逼人"只是旁观者的看法——女性坚定自信的时候往往会被旁观者指责为咄咄逼人。这样导致的结果就是许多女性不愿再表现得坚定自信，因为她们害怕被贴上"太过强势"的标签。你可以通过以下几点培养公司里坚定自信的女性员工。

- 以身作则。为女性员工展示何为自信，告诉她们如何在公司增强自信。
- 鼓励公司所有员工摆脱自上而下管理模式中咄咄逼人的行事风格。
- 严禁公司员工用"过于强势""固执己见"或"咄咄逼人"等词语形容女性。
- 通过以下语言帮助女性员工增强自信："让我们听听瓦妮莎对此有何看法"或"这是乔斯琳的专场，我们来听听她是怎么想的"。
- 赞扬女性员工的自信，尤其是在所有同事都出席的会议或讨论中。

CHAPTER 6

第六章

学会推销自己

我丈夫曾开玩笑说，如果我写一本自传，就应该叫《终身销售》(*Always Selling*)。我记得自己还是个小女孩的时候，就在我们新英格兰小镇上挨家挨户敲门，卖种子、贺卡和自己在一台小织布机上做的隔热垫。其实我按门铃的时候很害怕，我会看看门上的小窗户，因为主妇们往往会透过小窗看看是谁在敲门。当我看到女主人的脸时，我会紧张地咽一下口水。但就在她开门的一瞬间，我感觉这一切都是值得的。从每一户出来的时候我都有一些收获，虽然我的产品并不是每次都能大卖，但通常我会喝到一杯热巧克力，听到许多鼓励的话语，最重要的是我会获得高度的自我认同感——在我向她们推销时，每个人都很认真地对待我。

在当今的企业界，没有什么能比推销或者说是展示自己更重要，只有你推销或展示自己，你才能受到关注，获得尊重。研究机构 Catalyst 的一项名为“完美工作的秘密”的研究表明：“比起不愿总是提起自己成就的女性，那些在展现自己的成就方面表现积极的女性往往能在事业上更上一层楼，她们对自己职业生涯的满意度更高，薪酬也增长得更快。”[1] 这清楚地说明女性应该做出改变，由谨慎谦逊变得敢于冒险，积极进行自我推销。

人人都告诉女孩：要谦虚

《纽约时报》上刊登的一篇文章指出："对于想升职的人来说，自我推销是一项很重要的技能，但是女性总是认为此行为不得体。"[2] 我们之所以如此谦逊，和我们的成长经历有关。从小，我们就担心别人会把我们对成就的自豪感误解为自负和虚荣。一位女士告诉我们，她还清楚地记得她在小学的经历。当她对自己的成就表现出自豪时，有一个同学对她说："真是自作聪明，你以为你很厉害吗？"她的父母和老师也曾对她说："别再炫耀了。"大多数时候，我们都会告诉女孩子要低调一些。有些自身渴望成功的母亲仍旧会劝说她们的女儿要为人谦逊。在参加我们研讨会的女性中，有许多人惊讶地发现自己正是这样教导女儿的——告诉她们要安静、要谦虚。一位女士说："我每天都会告诉我女儿不要张扬，要礼貌一点。我跟她说她话太多了。最可怕的是，我告诉她不应该向别人说自己获得的成绩，这样别人才不会感到难堪。今天这一课不但改变了我的人生，也改变了我女儿的人生。"

由于成长环境的关系，女性往往不像男性那样会推销自己。尼娜在一家资本市场公司工作，她说："男性敢于炫耀他们的成绩，但是女性通常选择默不作声。"女性总是赞扬自己的团队，却对自己的贡献只字不提。一位女士解释说："我很犹豫到底应不应该讲述自己的成就，后来决定还是把赞美之词留给我的团队。这就是我领导团队、激励团队的方式。"正如佩姬·克劳斯（Peggy Klaus）在《智卖智夸》（*Brag!*）一书中写道："女性很少关注自身，也不愿将功绩加到自己头上。她们更愿意将自己的成绩归功于其他人，例如她们的家人或者工作团队。这一切都很美好，但事实上，只有那些做出贡献且被大家看到的人才能升职，负责更大的项目。”[3]

如何推销自己

许多女性生来就不懂如何自我推销，但是我们可以学习，让自我推销成为我们骨子里的东西。正如一位年轻女士说：“我以前觉得谦虚是一种非常优秀的品质，但是现在我意识到我应该以更现实的方式推销自己——大胆讲出自己的优点和能力。”自我推销不可能一蹴而就，只有日复一日地坚持，才能将自己推进众人视野，不仅在会议上，而且在事业和生活中都站稳脚跟。

现在，请阅读以下内容，学习自我推销。

一、明白什么是真正的自我推销

首先，要明白“自我推销”到底是什么意思。在和他人谈论自己的成就时，要实事求是，讲清楚这些成就是如何为公司做出贡献的。比如，你可以说：“能领导团队跟进这个项目我感到非常荣幸，很高兴我的同事们都能如此全力以赴。”这样说符合每个人的利益——你自己、公司、股东。因此，想成功地推销自己，就一定要阐明自己的价值、自己对公司的贡献、自己为在座的各位创造了怎样的利益。再说得简单一些，自我推销就是告诉他人，你的价值能为每个人创造价值。

值得注意的是，自我推销并不是只在个人招牌上下功夫，也不是不停向别人吹嘘自己，自我膨胀可不是什么好事，避免个人主义很重要。例如，你不能说：“我一个人完成了项目。”这种说法会让你被孤立，因为这和团队精神背道而驰。你可以换一种说法：“我的报告进行得十分顺利。”或者再润色一下：“我的报告进行得十分顺利，客户对我们给出的方案很满意。”简而言之，一定要说明你做出的贡献，包括对其他人、对公司、对听众、对客户，乃至对整个世界的贡献。

二、要有动力

自我推销时要有强大的动力，尤其是在自我推销把你带出自己的舒适区后，你更要反复鼓励自己。每次走进演讲厅、参加会议、坐在谈判桌前谈生意时，你都要问问自己：“我想从这次会议中获得什么？是晋升机会还是领导机会？是让大家听到自己内心的想法还是提升公司或部门在顾客眼中的形象？是加强与同事之间的关系还是接受别人的想法或提议？”清单上的内容永远也列不完。

我相信，你不希望自己从会议室出来时空手而归。因此，你必须渴望成功，这种成功可能是与客户达成一致，可能是得到领导赞同，也可能是得到晋升机会。事实上，知道自己想要什么才会有努力的动力。这个方法男女通用，因为一旦明确目标，你才有理由提出自己的观点。

三、自我推销时该推销什么

自我推销时放在第一位的应该是个人功绩。我建议女性把自己获得的成绩写下来，这样可以帮助你将自己的成就记录在册，和别人交谈时能更加自信地说出来。你可以一一列举成就，例如“我完成了试点项目，各方反馈极佳。”有人称赞你时，大方回应：“谢谢，为此我也十分自豪。”不要说：“这不值一提。”

自我推销说起来容易做起来难。即便全世界的人都说我们做得不错，我们自己也难以接受这些荣誉。我记得有一位客户是生物科技公司的负责人，她为公司做出了巨大的贡献：培养年轻人才、支撑当时刚起步的公司、指导公司员工，她领导着这家中型规模的公司稳步向前，也因此受到了表彰。

她对此十分骄傲，但是她的公关代表告诉我她站在聚光灯下时很局促，我也在帮助她练习演讲时见到过她的窘境。当我交给她第一版演讲稿时，她说："这不是我的风格。这版演讲稿感觉就像在说：'天呐，难道我不优秀吗？'"修改讲稿时，我把关注点从她的个人成就转移到了强调她的自豪感上。修改版中有许多"我很骄傲……"。她还是说："讲我自己的部分太多了。"应她的要求，第三稿改成了赞扬她身边的人——她的家人、员工和同行。现在整个演讲传递出的信息是："我代表周围人来接受这个奖项。"在大声朗读之后，她说这听上去还是"太夸张了"，她希望我能帮她改得"再低调一点"。除了完全删掉有关她个人的部分，我不知道如何才能让这个演讲更低调一些。最终，第四稿（也是终稿）得到了她的认可。终稿的基调是："我感到十分幸运。"她问我应该穿什么去演讲，还说她觉得自己应该穿得低调一点，她认为穿一件简单的黑色短款礼裙就行了，因为她不想太引人注目。

那次讲演时，她非常享受整场活动，她带着家人一同登台，向众人致敬，感谢他们为自己带来的"幸运"。我对这个案例印象深刻，因为我知道不仅是她，还有许多女性都需要更自然地称赞自己。对她、对广大女性来说，讲述自己的成功将是一大进步。我们要知道，推销自己、讲述自己的功绩并不那么难以启齿。我们要告诉自己，我们不是靠运气才成功的。这种自我推销的能力需要每天练习。否则，当我们出席会议、同别人打电话或者在电梯里交谈的时候，不但不会提及自己的成就，还会在别人提到时一笑而过，最终让人忽略我们的成就。

学会自夸

你可以先在一些“安全地带”开始练习自夸，比如在家或者在教室。在我们的研讨会上，我们鼓励女性自夸，告诉她们：“使劲夸自己！把自己吹得天花乱坠！”这让许多女性都很难为情。我们还会告诉她们这些夸赞听起来是什么样的。有时候她们觉得自己夸得太过头了，尴尬得脸直发红，但其实这种程度的夸赞和音调才刚刚配得上她们的能力。但是，这并不意味着这些女性不认为自己做出过杰出的贡献或完成了精彩的报告，她们只是没法轻轻松松、自信大方地告诉别人这些成绩，她们总是喜欢让别人猜她们有多优秀。

培训时，我们经常会让学员们写下自己的三个优点，再把它们大声读给大家听。比如，我们的教练会让她们写下三条对自己的描述，要求她们读每个句子的时候都以“我擅长……”“我善于……”或“没人比我更擅长……”为开头。这个练习的亮点就在于，对女性来说，这些话很难说出口。有的女性在不得不自夸时会脸色发红，坐立难安。当然，在生意场上我们不能说诸如“我很优秀”之类的话，但如果女性想学着自我推销，这是一个很好的锻炼方法。

下面这段对话出自教练和一位研讨会学员。在这段对话中，学员梅拉妮正在尽力自夸，但是通过对话我们能发现这对她来说非常艰难。

梅拉妮：人们都说我足智多谋，我想……我想我擅用人才。

教练：去掉“人们都说”，直接说“我足智多谋。”

梅拉妮：这听起来太狂妄了吧。

教练：你就当作在陈述一个事实，试一试。

梅拉妮：我足智多谋。（语调平平，毫无起伏）

教练：感觉如何？

梅拉妮：天呐，太难以启齿了。我感觉好像有一个人随时会站出来告诉大家我在说谎。

教练：梅拉妮，这是真的吗？你真的足智多谋吗？

梅拉妮：确实。我提出的办法帮助公司节省了几十万美元的开支。

教练：这太了不起了！跟我们说说你的故事。

尽管在有些女性看来这太夸张了，但现实是，自夸永远不会太过分。自夸简单、有力且能给人带来自信。所以，尝试着夸奖自己吧。别人听你自夸会觉得你很自信。试着练习推销自己，在家、在朋友面前，甚至是对着自己，这一定会是一个好的开端。当然，我们的最终目的还是利用这些技巧在企业界站稳脚跟。

随时随地都要自我推销

自我推销不是开关，想开就开，想关就关。你要让它成为一种心态，成为你性格中的一部分，在任何需要交流的场合，你都要保持这种心态。接下来，我们分析几种必须进行自我推销的场合。

一、日常例会

观察在会议中表现活跃的人，不难发现他们一般都有以下特征：①引人注目；②喜欢谈论自己的功绩；③乐于分享喜悦；④擅长争取荣誉。但是，这并不意味着你不能称赞那些做实事的团队成员，不过，你要先说出自己的成绩，再把这些成绩和团队成员们联系起来，然后展望未来。黛波拉是一名人力资源经理，她参加了“登上舞台”培训项目：“在培训结束几周后，我受邀在公司高层领导大会上发表演讲。我为此准备了幻灯片。与过去不同，这一次我多加了一页，专门讲述我领导的人力资源部一年来取得的成绩。我自己也很惊讶，演讲时我感到非常自在，完全不觉得紧张！”

在会议上举手也是一个推销自己的绝佳机会。来自马来西亚的朱春莲曾在一次会议上主动出击，讨论了如何与同行及供应商合作，最终改善了采购方案，每年为公司节省了10% ~ 25%的成本。但更大的成就是她得到了高层领导的认可，管理层因此决定改善公司的整个采购流程。

所以，你不需要夸耀自己有多么伟大的功绩，只需要坚定自信地说出自己的观点，就能表明你是一位逻辑清晰、令人信服、思想丰富的领导。此外，还有许多在会议上推销自己的方法，例如与大家分享成功的项目、提供高水平思维方式、提出令人信服的想法，等等。

二、注重绩效评估

女性也应当在绩效评估方面占有一席地位。一位研讨会学员说：“男性和女性在绩效评估时的表现截然不同。男性总会说‘我做了这个，我做了那个’；而女性则会说‘我们的团队完成了这些，我们的团队完成了那些’。女性总会把荣誉留给别人。”

想在下次绩效评估时推销自己，就要提前做好准备，总结自己成绩的主要内容。一位名叫琳达的人力资源经理告诉我们：“我在为绩效评估做准备时会把自己的业绩列出来。我会说‘我领导了这个项目’或‘我实现了目标’，但是以前我只会把所有功劳归在别人身上。对我而言，说出‘我完成了某件事情’并非易事，所以我会把自己所有的成绩都写下来，以此提醒自己要时刻注意推销自己。在绩效评估时或在其他会议上，我会跟领导讲明我的成绩。虽然这么做让我感到不习惯，但我还是做到了。”金伯莉是一名安全与政府法规部门主管，她说：“当时正赶上我和经理完成年中绩效评估，我十分清楚自己的团队取得了什么样的成就，也把自己的成就加入其中。这对我来说是很大的进步，因为大胆说出自己的成绩对我来说是一件难事。我紧张的时候总会发笑，但是当时我不但阐明了自己的观点，而且没有笑场。我的经理给了我极高的评价，我对此十分骄傲。这一切都是值得的。”

三、职位面试

在职位面试中，你可以阐述自己的成就，为下一次晋升创造机会。除了自己，没人会为你做这些事。人们会认为，如果你连推销自己都做不到，那就不适合做高管。在培训女性面试的过程中，我们常听到这样的开场白：“我不知道为什么您认为我适合这个职位，毕竟公司还有许多人能胜任。”这些女性自认为她们给自己塑造了一个好人形象，而不是冷酷、贪婪的权力狂人。但是面试官很可能因为她们的表现断定她们缺乏自信。

黛安是一位银行副总，她来找我培训是因为她在一次 CEO 为她安排的面试中表现失常。在面试中，她觉得没有推销自己的必要，因为她以为 CEO 的认可足以让她获得这份工作。结果呢？她被淘汰了。负责人事的高管对我说她对这个职位的渴望不够强烈，同时竞争的 7 位男性都表现得比她更渴望得到这份工作。在我追问黛安对这件事的看法后，我知道了她表现不佳的原因。

> 第一，心态矛盾。她说自己甚至不确定是否真的想得到这份工作。新工作意味着新部门，而她喜欢自己原来的部门。
>
> 第二，没有准备面试。因为她觉得自己已经获得 CEO 的认可，所以没有准备的必要。
>
> 第三，讲话没有激情。她表现得十分被动，因为面试官低调，所以她也要低调，以免吓到面试官。
>
> 第四，没有反驳面试官的质疑。面试官质疑她胜任这项工作的能力时，她没有反驳，不反驳的原因“只是为了表现得礼貌一些”。

作为对比，下面会讲到一个积极的例子。在这个例子中，这位女士成功地推销了自己并得到了工作。詹妮弗是一家大型金融公司的高管。虽然不确定下次晋升机会何时到来，但她对自己的职业发展一直非常坚定。一天，她与人力资源部主管共进午餐，主管跟她说自己遇到了难题：她不知道该找谁负责公司正在进行的一项大型国际并购项目，因为项目负责人要协调好两个公司的合并工作，而且要花大把时间在欧洲工作。珍妮弗立马说：“我怎么样？”接着她解释了自己为什么能够胜任这项工作。不久后，她接到了这项任务。

第一个例子中的女士丢掉了本来轻而易举就能得到的工作，第二个例子中的女士得到了最初根本不在她考虑范围内的工作，因为她为自己创造了机会。

即使你觉得自己已经稳操胜券，也要继续推销自己。潜在的雇主和领导都希望你强大、自信、富有激情。我建议我的所有客户去面试前先告诉自己对即将要面试的工作十分渴望。

四、客户会议

除非你向客户极力推荐自己和自己的公司，否则无论对内部客户还是外部客户，你都完成不了推销。也许你的产品是世界上最好的，但如果你不推销，就没人买。我在向别人推荐自己公司的业务时有一个至关重要的点，就是让客户确信我们公司能提供独一无二的服务，其他公司则无法提供。

顾客的想法对你大有益处。每当你走进客户办公室为公司的合作伙伴做推销或者给出提议时，你要告诉自己："他们比想象中还需要我。"这不是傲慢，如果你的公司产品优质、服务周到、理念出色，事实就确实如此。在客户会议中，这种想法会让你信心大增，甚至能改善你的音色、肢体语言、信息传递效果以及你的整体形象。

向客户推销自己也需要毅力。下面介绍一个诠释毅力的重要性的绝佳实例。当初，雅诗·兰黛（Estee Lauder）想将自己品牌的化妆品系列打入纽约的尼曼百货公司（Neiman Marcus）。最初，她会见了商场经理，但是被拒绝了。雅诗·兰黛离开商场的时候正好碰到了尼曼公司总裁斯蒂芬·马库斯（Stephen Marcus）回家，她立马上前和马库斯说："我是雅诗·兰黛，拥有世界上最棒的美妆产品，所以必须入驻您的商场。"马库斯说她可以和销售经理谈谈。雅诗·兰黛说："我已经谈过了，他说我应该改天再来。但是，您知道的，马库斯先生，我等不了那么久，因为我的产品必须立刻入驻您的商场。"事实证明，这次推销成功了，因为马库斯问："你需要多大的商铺？""货物什么时候能运过来？”[4]

雅诗·兰黛装了一大袋货物，第二天就拿到尼曼百货开始推销。她拦下每一位进入商场的人，说：“请试试这个。我是雅诗·兰黛，这是世界上最棒的美妆产品。”马库斯后来说：“她是一位非常坚定的推销员，自始至终都亲切可爱。人们对着兰黛真得很难说出‘不’。”[5]如果你也想在事业上向前发展，就必须展现出这种自信。

用这种方式推销自己非常有挑战性，至少在一开始是这样的。这要求你不能太过谦逊，要有清晰的目标，在任何情况下都要发挥你的个人销售技巧。不过你做的次数越多，就会越自如，推销过程也会越发自然。如果你愿意为自己而战，别人也自然更愿意信任你，相信你会带领他们有所收获。

如何领导女性员工

尽管有个别女性很擅长自我推销，但是大多数女性还不具备这一能力。作为领导，你可以从以下几个方面培养女性员工的自我推销能力。

- 鼓励女性员工“自吹自擂”。询问她们获得的胜利、奖项、成就或以前的领导经历。不要只停留在赞扬她们的层面，要引导她们自己说出自己的光辉历史。
- 引导女性员工推销自己和自身的观点、想法。例如，如果有人想负责新项目，就跟她说：“那么告诉我，你为什么觉得自己适合做这个项目。”

- 在绩效评估和职业讨论的时候鼓励女性员工推销自己。提前告知她们你希望她们可以讲一讲自己最出色的工作经历。
- 在大型会议之前，确保一切演讲都进行过充分排练。

CHAPTER 7

第七章

要勇往直前

来自菲律宾的人力资源专家玛丽·简完美诠释了该如何勇往直前。就像她说的："勇气不仅让我在事业上取得了瞩目的成就，在生活中也光彩夺目。我过去在说出自己的看法和观点时总是犹豫不决，因为我自小成长在一个受传统文化影响的家庭中。我还记得做第一份工作时，我的老板当时已经75岁了，他问我问题时我双腿发抖，吐字含糊不清。我很害怕，因为如果我答不出他想要的回答就会受到惩罚，就像我们对家长说了'不'。参加'登上舞台'培训项目时，大家的讨论让我意识到我们应当为自己发声，勇敢说出心里的想法。学会说'不'的那一堂课引起了我的重视，它给了我说'不'的勇气，让我明白表达自己内心所想并不是不尊重别人。"

勇气对于女性而言十分重要，因为在太多场合下女性都需要打破障碍，挑战传统，重新定义别人眼中的自己。事实也是如此，如果你是在企业界工作的女性，就必须比男性更有勇气。勇气就是你的秘密武器。但我并不提倡一味的大胆，因为仅仅大胆会变得鲁莽。我们需要的是深思熟虑、谨慎判断后的勇气。以下例子告诉我们什么时候必须展现勇敢。

勇于举手发言

展现勇气最基本的表现就是敢于举手发言。来自荷兰的米丽娅姆说她自愿在“登上舞台”培训项目的研讨会上登台演讲。她解释说：“这对我来说是很大的一步，因为在那之前我都是在台下等待，等有人自愿上台。但是登台之后的感觉真的太棒了，根本不像我想象的那么可怕。”研讨会结束之后，她说：“我们部门要作为一个整体作报告，我毫不犹豫地告诉经理我想去。我知道，我本可以再次沉默，但这次我确实想要作报告。我的同事们开玩笑说我可以下次再去，但我说：‘不行！’”从这个故事中我们可以明白，你举手站出来发言的次数越多，发言于你而言就越容易，你也能从中获得更多乐趣。

如果一位女性发现自己是众多男性中唯一的异性，那么她站出来发言就需要更大的勇气了。她总害怕其他男性会打断她、忽视她、取笑她或者质疑她。一位女性信息安全主管告诉我们：“每周的管理会议都会令我焦虑不安。和一群坚定自信、野心勃勃的男人坐在一起，我选择只看、只听，不参与他们的争论。”然而，不说话就等于默许男性控制话语，掌握权力，每一位女性的沉默都是造成这一事实的因素。与保持沉默相比，你会因为你的思想和勇气获得更多尊重。

如果你能鼓起勇气，在参加的所有会议中都至少发言一次，这也是进步。你发言的次数越多，发言对你来说就越容易。

勇于质疑他人

质疑别人的看法也需要勇气。人生不如意事十之八九，我们并不想与他人，尤其是权威人士，意见相左，但如果我们确信自己是对的，就希望对方能知道我们的顾虑和观点。我们必须以坚定、尊敬的态度，有理有据地告知对方。这个挑战对女性而言并不陌生，这一点也会在下面的故事中体现出来，这个故事来自一位勇敢向上司讲出自己想法的女士。

“过去 6 个月里我压力很大，因为我的上司一直在一些事情上对我提出质疑，她认为我应该用不同的方式做这些工作。最后我终于和她讲了：‘我不同意你的看法。我做过这些工作，我有经验。’以往，我可能会对自己说：‘好吧，就这样忍一下，然后离开就好。’但这一次我终于对自己说：‘我不会再忍下去了。’”人在感受到不被尊重时提出这一重要的问题是正确的，但要注意说话的方式，不要为了发泄不满而说出类似“我不同意”这样的对抗性话语。我们应当先承认对方的观点，再发表自己的意见：“我看法略有不同。”千万不要被愤怒冲昏头脑。

接下来这个故事就是有关质疑他人的绝佳实例。故事的主人公是一位高端科技公司的初级员工，她刚刚参加完一个公司范围内的多元化项目。在一次公司全员参与的活动中，她发现坐在台上的 CEO 和他的领导团队全部是白人男性。她心想：“这说不通啊。”于是在问答环节，她向 CEO 提问：“为什么公司让所有员工都参加多元化培训，但是管理层却全是白人男性呢？您的意思是多元化没有任何意义吗？还是说情况即将有所改变？”她提问时紧张极了，浑身抖得厉害，甚至没有听到 CEO 给出的回复。大会结束后，她的男同事们说：“天呐，你怎么能提出这样的问题？你就准备收拾东西走人吧！”女同事们却说：“姑娘，加油！”

几周后，总裁叫她去办公室，她很害怕自己会被炒鱿鱼，但结果相反，她勇敢的行为得到了回报。总裁给了她一个晋升的机会。他说自己希望和像她这样有胆识的人共事。她成了总裁的行政秘书，而这也正是她事业腾飞的起点——最终她成为一家大型销售公司的负责人。为什么她挑战 CEO 的行为能受到赏识呢？因为她确实提出了她的听众——也就是那名 CEO 需要认真考虑的问题。当然，CEO 也的确认真考虑了这个问题，因为她提问的方式礼貌、积极、冷静，没有让 CEO 在众人面前难堪。她也因为聪明和勇敢获得了丰厚的回报。

勇于挑战新的职位

追求下一个领导职位或晋升机会也需要勇气，对于任何想走出舒适区，站到舞台中央的人来说，这种勇气至关重要。

凯伦·施特劳斯·库克是高盛集团证券部门雇用的第一位女性，也是公司第一位交易员。当时库克还是纽约证券交易所的一名前台职员，她没有像其他人那样只是递交书面简历，然后等待回复，而是直接手持简历来到高盛公司。她询问前台接待人员有没有人可以和她谈谈招聘的事情。接待人员没有回答她，两个人就这样僵持了好一会儿。根据库克的说法："我注意到有个人一直在我们身后的走廊上来来回回地转悠。最终，他停下来问我：'你是谁，你想要什么？'"此人正是罗伯特·鲁宾（Robert Rubin）[①]。当他了解库克的来意以及绝不打算空手离开的决心时，当即决定开始对她面试。在 11 场面试结束后，她被录用了，开始

① 罗伯特·鲁宾于 1966 年加入高盛的风险套汇部，5 年后成为合伙人。后担任美国财政部部长。——编者注

了她光辉的职业生涯。[1] 库克的经历展现了女性争取高级职位时需要的决心和勇气。

勇气有时意味着勇于冒险，比如挑战新职位或承担新责任。加拿大帝国商业银行旗下金融研究所世界市场 CEO 理查德·内斯比特认为："大多数人在事业上都不敢冒险。事实上，无论男女，都应该做好准备迎接自己舒适圈之外的新工作，或许是一份异国他乡的工作，又或许会在短期内让他们薪资减少，但长期来看，这样的职位能帮助他们获得晋升。这给了他们机会，来展现自己在不同情况下都能成功的实力，即使他们没有成功，也能展现自己是如何应对失败的。没人能永远立于不败之地。我招聘公司高管时注重的就是应聘者应对失败的能力。"冒险一定要敢于失败，并从中吸取经验教训。

勇于挑战新的职位意味着摆脱各种束缚，走上一条全新的职业道路。我离开原来的公司开始创业，就是我大胆迈出这一步的时刻。很多人都质疑我、否定我。我几个最好的朋友和我说："你简直疯了！"但结局还算美好，我成功建立了自己的公司，公司也获得了巨大胜利。

勇于踏入男性的圈子

踏入男性的圈子（或任何男性的领地）也需要勇气。许多公司都明显有一个男性圈子，女性清楚这一点，男性更明白这一点。

梅利莎是一名高级银行家，在一家大型金融机构的交易大厅工作，她说："交易大厅是一个人们斗得你死我活的地方。我刚从投资银行来到这里时吓坏了，我跟我的前辈说：'我在这儿工作不下去，只想做回原来的工作。'交易大厅里的人们总在骂骂咧咧，大喊大叫，这让我很不适应。在这里，男人和女人很不一样。男人根本不把女人放在眼里，也不听女人说了些什么。我和招聘人员说：‘我想退出，这里不适合我。’这简直就像一个企业里的更衣室。”

但是梅利莎得到了这样的回答：培养你内心的力量。她解释道：“带我的前辈让我坐下，对我说：‘你有胜任这份工作的个性和干劲。脸皮别太薄，别让其他人影响你。’我做到了，这需要勇气。我一开始就给每个人都定下了规矩。我说：‘我来是做生意的，不是寻开心的。我们聚在这里是为了赚钱，所以希望各位能作为团队的一分子共同努力。’我相信如果一个女人在一开始就定下规矩，其他男人就会知道‘我不能惹梅利莎’。他们给我贴上了‘女魔头’的标签，不过至少这样他们会把我放在眼里。”

梅利莎没有对每一条性别歧视的评论都横加指责，而是单纯讲述了事情应该如何发展。踏入男性的圈子并不意味着就要受到男性的喜爱或是成为他们中的一员，我们需要的是尊重，是和他们在合作中并肩工作。如果非要被贴上强势的标签，那就由他们去吧。越是开明的人，越能欣赏女性的力量。

勇于做真实的自己

女性必须勇于做最真实的自己。辉瑞公司前执行副总裁兼总法律顾问埃米·舒尔曼（Amy Schulman）说：“在企业界工作的女性，往往会把与同事互动是否融洽看作自己是否属于公司的试金石。”[2] 作为职场女性，我们太在意周围的信号了，一个微笑、一次皱眉、一次眨眼、一段凝视、一句批评，我们都会放在心上，以至于我们为了更好地与他人相处，不得不隐藏自己的真实想法。

我们不能因为惧怕来自同事的压力和评论，就丢掉那些让我们与众不同的优秀品质。别让其他人孤立你，不要觉得自己可以被随意评判或是不值得拥有现在的一切。别让他们影响你的积极性、你的能量、你的活力、你的幽默感、你的思想。更不要一味“迎合”你的听众。通常情况下，听众希望女性微笑，她们就会微笑；听众希望女性亲切一些，她们就会用活泼的声音说话。女性都是天生的演员，我们可以亲切、可以可爱、可以活泼、可以妩媚、可以成为任何我们认为别人希望我们成为的样子。但如果你这么做了，你真实的自我便会不复存在，你会一无所有。

你应该这样做：想想你最珍视的自己的品质，例如热情、有激情、有同理心、思维清晰、有坚定的信念……确保自己每次说话的时候都能展现这些品质，让它们一起塑造“真实的自己”。每当你觉得受到了别人的随意评判、攻击或者忽视，就用这些品质武装自己，它们会给你力量，让你坚持做真实的自己。在和人打交道的过程中，始终如一地展现这些品质，不要模仿和你交谈的人的风格和特点。

展现勇气的方式有许多种：举手发言、质疑他人、挑战新的职位、踏入男性的圈子以及做真实的自己。勇气会助你渡过难关，走上通往成功的道路。

如何领导女性员工

缺乏勇气是许多女性的致命弱点。从在会议上主动发言到挑战新的职位，许多情况都要求女性勇往直前。面对可能被孤立的环境，只有做最真实的自己才有胜算。通过以下方式，你可以鼓励女性员工鼓足勇气，一往无前。

- 鼓励在会议上鲜少发言的女性员工发言，你可以这样说："我想听听玛丽莎的看法，她最了解这个项目。"
- 当某位女性员工在为自己的观点辩论时不够勇敢，鼓励她继续发言。
- 和女性员工讨论调职或者新任务时，如果你觉得她们害怕、不太情愿或者犹豫不决，就要为她们加油打气。
- 协助女性员工处理好由于她们不属于男性圈子而产生的情绪和因此产生的压力。
- 鼓励女性员工走出自己的舒适区，在她们失败的时候给予支持。

CHAPTER 8

第八章

要坚持个人立场

大学打来电话时，我得知自己获得了一笔为期 3 年的奖学金。感谢过后，我问道："津贴具体是多少呢？"招生负责人说："把学费算在其中，每年有 2 500 美元。"（这是很久之前的事了！）我停顿了一下，意识到靠这笔钱生活下去是非常困难的，于是问道："每个人的奖学金都是这么多吗？""只有女生。"对方回答道，"男生的津贴高一些，因为他们不受家里赞助。"这对我来说不公平。所以我说："嗯，我的父亲也不会为我赞助任何资金，所以我需要和男生一样多的奖学金。"后来我达到了目的：我的奖学金和男生一样多。

尽管这件事发生在许多年前，但其中的道理却并不过时：我们女性要为自己辩护，在捍卫理应属于我们的东西时要坚定。我本可以接受最初的提议，申请更多学生贷款（因为我已经贷了许多款），但是我拒绝了，并争取到了自己应得的。我这么做并非勇气使然，而是因为坚持原则。许多时候，女性都太容易让步了，因此实际得到的总比应得的少。如果你想主导事情的发展方向，就要坚持个人立场。

女性总希望自己讨人喜欢，总给予别人支持，因此十分容易让步。当有人反驳、打断或看轻一位女性时，她往往会选择让步，更糟糕的是，她可能会通过道歉让对方好受一些。最后女性不但自己心里不好受，还会给别人留下没有自信、不够强大的印象。

坚持个人立场并不等于好斗、刚愎自用或是急于反击。坚持立场是在必要的时候为自己和自己的观点辩护。用证据、用事实，而不是用情绪说服别人。以下例子会告诉你要想在舞台上占有一席之地，坚守个人立场至关重要。

如果有人打断你说话

女性说话经常被人打断，一项名为“违背我们的意愿：女性在跨性别谈话中如何被男性打断”[1]的研究发现，75%的异性之间谈话被打断都是由男性插话引起的。芭芭拉·安妮丝和约翰·格雷在他们的著作《性别智商》中提到，男性之间也会互相打断，他们会“打断谈话，提出自己的观点，在别人想法的基础上提出更好的点子，就像球员在球场上为了得分来回传球一样”。[2]但是这种“男性”的交流风格“对于女性而言不自然，也没礼貌”。[3]许多女性被打断后干脆不再说话，为没能讲出自己的想法而沮丧。这种反应不会让大家了解你的想法，你也不会受到应有的尊重。

安妮丝和格雷认为，比起男性的交流方式，女性的交流方式更具探索性。他们鼓励女性以明确的指令开始一段对话，比如，“我想知道你对某事的看法，但是你要先听我介绍背景”。这样可以告诉在座的男性，他们有时间提出自己的看法。

如果你说话时还是会被打断，以下几种方法可以供你参考。你可以坚定地说下去。这个方法对大多数人都奏效，想插话的人没有机会插嘴，只能等你说完。你也可以说“我想先说完”或“我还有另外一点要讲”。再或者你也可以直接礼貌地说：“请等一等！”为了让大家更能明白你的意图，你可以举起手，张开手掌示意你还没讲完，不希望被打断。但是，不要询问大家自己是否可以继续讲话，不要说比如“请问我可以继续了吗”之类的话，因为你不是在寻求帮助。说这些话时，要直视打断你说话的人的眼睛，直到你继续开始自己的讲话。

那么，在你演讲的时候被打断该怎么处理呢？即使有的时候这些打断并不是恶意的，但是你没必要立马给出解释。有些演讲者欢迎大家提问，但是如果听众提问的次数太多，会拖慢你的节奏，扰乱你的思绪，还有可能让听众产生反对意见，最糟糕的就是，在你的演讲还没结束的时候，新的讨论就开始了。一位经验丰富的物流公司协调员告诉我，她演讲的时候就一直被不停地打断。“所以，现在，”她说，“我会告诉大家把问题留到会议最后再提。这让我每次都能按照计划完成演讲。”如果你打算采用这种方法，那么在一开始就要讲清楚。

如果有人总是重复你的观点

女性会经常这样想：“嘿，那是我的主意，为什么人们是从他那里听到的，而不是从我这里呢？”这种“剽窃创意”发生的原因有许多，它也许能反映男性急于解决问题的渴望。还有一种可能，就是因为你讲得不够清楚或不够有说服力，以至于人们没有认真听你到底说了什么。如果你提出的方法还需要探索，但是一同讨论的男性却想快点结束讨论，那么他想重复就让他重复，因为在语言上盲目攻击对方会让你的说辞听起来苍白无力，也会显得你很自私。

但是如果你认为自己已经讲得十分清楚了，而对方是在故意重复你的观点，那就站出来说明这是你的创意。在这种情况下，幽默能派上大用场。一位在国际科技公司工作的女士发现她的同事一直在重复自己的观点，她最后终于说："这个我不是刚刚才说过吗？这个房间是有回声吗？"或者你可以对重复你创意的人说："鲍勃，我很高兴你同意我的看法。""我们两边一直在为这个策略争论不休。我想知道这里有谁支持我们的建议。"你不仅要表明这个观点是你首先提出的，还要将先机从对方那里抢回来，寻求会议室中其他人的支持。

如果有人质疑你

如果有人质疑你，最好的回击方式是用事实说话，不要感情用事。若是感情用事，你的说辞会显得苍白无力。许多女性正是因为被愤怒冲昏了头脑，所以觉得批评都在针对自己。下面这个例子展示了人力资源部女性主管回应其他男性高管对她的质疑的不同方式。

男性高管：我们没必要招新的招商经理。

人力资源部女性主管：我不知道您为什么要质疑我，但这是我的工作，是人力资源部的决定。

以这种方式回答高管，不但会削弱人力资源部主管的地位，也不会让其他人信服。女性主管最好给出一个实质性理由来支持她的建议，如下所示。

男性高管：我们没必要招新的招商经理。

人力资源部女性主管：我理解您是为了降低公司成本，但是我已经和另外几位招商经理谈过了，他们感觉工作负荷太重了，没办法抓住市场上的所有机会。如果我们再招聘一位招商经理，就能更好地把握市场份额。

当你受到质疑时，很容易落入情绪的陷阱。即便是玛格丽特·撒切尔，在其职业生涯早期也会因为感受到被批评而变得咄咄逼人。她说自己："动物被攻击时会立即自卫，所以要是采访我的人明显是在找茬，我会对自己说：'老天保佑，你做的任何事情如果换我来做，我都能做得比你好得多。'然后我就会反击！"[4]这种急躁的风格并不适合她，撒切尔的顾问戈登·里斯（Gordon Reece）教她要有同理心。后来她也确实改变了自己的风格，变得不再那么急躁又咄咄逼人了。[5]

很多时候，有些人质疑你只是为了看看你是否准备充分且足够自信，那你就向他们展示你的确信心满满，同时还要将事情做到无可挑剔。一位女性常务董事告诉我："男性有时候对你说过的话百般挑剔，因为他们觉得：'她是个女人，根本就不知道自己在做什么。女人在我们的世界就是要弱一些的。'所以他们会用提问来刁难你，但永远不会用类似的问题质疑其他男性，他们还可能会质疑你的业绩。我很了解这种情况，所以我会确保我对自己说的内容了如指掌，因为我知道有人会问：'这听起来不合理啊，你确定你的数据都是真实的吗？'如果我对材料足够熟悉，我就可以说：'是的，数据没有任何问题，这是考据资料。'当你和20位男性开会时，最不希望的就是被某个问题弄得措手不及。"

当有人质疑你时，先仔细听对方说了什么。事实上，并不是所有问题都带有敌意，或是想故意刁难你。有时候，好的问题能让你的思维更加清晰敏锐。你不妨从承认对方的立场开始："我能理解你为什么会问这样的问题。”或“这个问题我们确实经常碰到。”然后尽可能清晰、简洁地阐明你的想法。如果你对自己陈述的事实很有信心，就坚持自己的立场，讲明自己的观点：“我之所以有这样的业绩是因为……”或“这个数据是由……提供的。”在其他情况下，你也可以说：“我可以先研究一下你的建议，再给你答复。”

如果有人质疑你的业务能力，你一定要充满信心。一位年轻的销售专员在参加一场会议时还没有完成当年的销售任务，她的老板问：“你今年任务没法完成了吗？”她毫不犹豫地回答：“我会完成的。”她没说自己会如何完成，但是她找到自己的每一位客户，告诉他们自己必须完成销售任务。客户们都深受感动，纷纷和她签订合同，帮助她完成了任务。

无论情况如何，只有保持冷静，才能给出最佳解释。受到他人质疑时，我们要拿出最有力的论据，而不是最强烈的情绪。我们要想保持情绪稳定，就要明白质疑并不一定都是有敌意的。女性交往礼仪不同于男性交往礼仪。我的一位女客户说：“我就是不明白。为什么大家一坐在会议室里，男人们就总是咄咄逼人地互相质疑，或者质疑我，但踏出会议室的门，他们就会谈笑风生，开始计划下次一起去打高尔夫球。而我却耿耿于怀了两周之久。他们到底是怎么做到的？”男性之所以能这样是因为这就是他们的交往之道。他们并不是在散发敌意。只有理解这种交往之道，我们才不会认为所有质疑都充满敌意。

如果有人对你突袭提问

尽管你已经尽了自己最大的努力说服别人接受你的观点，但总有人——包括那些你以为和自己站在统一战线的盟友们——用意想不到的尖刻的语言批评你。你要注意不要被他们压垮。

在和一家世界顶尖科技公司的一次全球电话会议中，一位女士谈到自己参加过的一场高层会议，在那次会议中，她表现得心神不宁。她上台前做足了准备工作，确保每个人都会对她的演讲满意，她还事先与各方就自己的观点达成了一致。但是在演讲过程中，有一位高管对她提出质疑并非常尖锐地批评了她的方案，这让她措手不及。这位女士开始心烦意乱，泪水夺眶而出。她告诉自己："我不能在会上哭。"但她不知道自己接下来应该做些什么。

在这种情况下，正确的做法是摈弃个人情绪。如果你被情绪支配，并且因此表现出愤怒和受伤，只会削弱你语言的力量。相反，你要从情绪中抽身，自信沉着地为你的项目或想法提出合理的理由。就算你之前已经提出过这样的论点了，也要再次提出。在提及反对意见时要表现得大度，用"我明白你的立场"或"我很高兴能回答你的疑问"这类语言抢占制高点，把每一次质疑都视为提升自己影响力的机会。

如果你在与老板或同事进行一对一谈话时被问得措手不及，可以采取同样的方法：抛开情感，用事实说话。一位在人力资源部工作的年轻女职员跟我讲述了她与老板的一次谈话。她在一次一对一谈话后希望老板对自己的工作表现给出反馈。由于他们此前的谈话很愉快，所以女职员认为老板给自己的评价应该还不错。可是老板却说："既然你想要工作反馈，那我就这样说吧，我想从你那里得到肉和土豆，可是你给我的却是生菜和番茄。"面对这样奇怪的批评，她虽大吃一惊，但依旧选择沉默。面对这些评价最好的方式就是不要觉得它们是针对个人的，应该表现出坚强的一面。她可以说："您能说得再具体一点吗？"请老板进一步解释能显示她足够坚强，可以面对事实。

如果有人性别歧视

任何性别歧视的言论，我们都应该加以抵制，并且应该声明这样的言论越界了。我在职业生涯中不止一次听到过带有性别歧视色彩的政策和言论。那是我上班的第一天，我正在接待处等我的老板和他的助理，有一位男性经理过来了，他上下打量着我，说道："你就是我要的临时工？"我感觉自己就像是他点的外卖一样。那是我第一次，但不是最后一次遭遇性别歧视。后来，在我还是一家金融机构公关部门的年轻职员时，又遭遇了一次性别歧视。当时我正在和我的领导、一位副总还有团队其他同事开会，我们在讨论员工刊物的版面。我们翻到第4版的时候，我的领导说："朱迪思，你可以做我们的阳光女郎啊。"他指着《多伦多太阳报》(*Toronto Sun*)第4版的一篇特写说。而那篇特写的内容是一个穿着比基尼的女人。我回答说："你这句话完全没有专业性。"这虽然对拉近我们之间的关系没有任何用处，但是没关系，因为我们总会比这种人在职场上待得更久。事实也是如此，在那之后不久，我就建立了自己的公司，而他从大众的眼中消失了。

回敬性别歧视最有力的手段是专注于自己手中的事情，不要让这样的言论扰乱你或打乱你的计划。一位在科技公司就职的年轻工程师找到她的上司，跟他讲述自己对于目前正处于讨论阶段的项目的看法，可能她的有些话惹怒了上司，他对年轻的工程师说："你以为你是谁？你就是个胆大包天的疯婆娘。"她看着他，毫不畏惧地说："那又怎样，至少你听到了我讲什么。"这位年轻的工程师在这样的环境中展现了惊人的专注力。不出所料，她最终成为一家国际公司的高管，而这家公司的高管中只有5位女性。

许多公司都越来越开明。旗帜鲜明地反对性别歧视不仅仅是个人的正确选择，也会让你在公司获得所有人的尊重，不论男女。为此，女性一定要万分小心，不要让自己成为别人眼中的“花瓶”。玛丽亚·巴尔蒂罗莫（Maria Bartiromo）曾为美国消费者新闻与商业频道（CNBC）的《收市钟声》（*Closing Bell*）节目报道纽约证券交易所的新闻长达20年之久，现在又为美国福克斯新闻做同样的工作，人们称她为“金钱宝贝”。2007年，她为系列产品注册商标“金钱宝贝”，但现在，她放弃了这一商标，她说：“我不会再用‘金钱宝贝’这个名字了。”[6] 她的决定十分正确。你能想象一位严肃的男记者被贴上“股票健将”的标签吗？或许将这作为自己的招牌会让她更吸人眼球，但这会加深大众对女性的刻板印象，对抵制性别歧视的职场女性也没有任何帮助，还会给男人们一种混乱信号。我有许多共事的客户都是男性领导者，我相信他们中的绝大多数人都希望在女性问题上做出正确的决定，所以女性应当给出明确的信息。如果有人觉得你有魅力并且向你献殷勤，不要把他当作暧昧对象，也不要与其发展暧昧关系，更不要把这种实为不尊重的殷勤当作赞美。

如果有人欺侮你

不谈欺侮，本章就不够完整。长久以来，这都是许多女性焦虑的源头，也是导致公司需要的坚强、有能力的女性纷纷离开的原因。导致这一问题的根本原因在于人们根本就没有意识到这个问题，也不承认它的存在。女性不愿意总是提起这类问题，因为许多人觉得这让她们十分尴尬，或者她们担心如果自己提出这个问题会被贴上“麻烦制造者”的标签。

我培训过一名才华横溢、严于律己的人力资源部主管，所有人都觉得她表现十分出色，但她的领导是个恃强凌弱的人，总是戏弄她。有一次，她询问领导关于继任计划流程的事，领导戏谑地回答她：“虽然你在这个计划里，但是我们不知道把你安排在哪儿。你在公司没什么前途，不如去别的地方工作。或许你可以去这条街上的木器厂碰碰运气。”她该怎么做？这确实是个棘手的问题。一般情况下我会说：“保持冷静。”但这个领导言语中的敌意让人无法保持冷静。这位主管十分生气，她的领导却说：“我就喜欢看你被激怒的样子。你生气，我的目的就达到了。”她也可以先忍气吞声，认为现在不是和领导谈论这个问题的时机，应该另找时间开会讨论。但如果这种情况还会发生，那么她要么把这个情况反映到人力资源部，要么直接离开公司。她正是这样做的，头也不回地离开了这家公司。现在，另外一家公司受益于她的才华。如果你觉得你的公司不重视你的才华和能力，也许是时候寻找一家重视你的公司了。

受到质疑时，最佳回应方式就是用事实说话，有理有据地说服对方，而不是情绪失控。如果我们没能把控好情绪，就会反应过度，让听众抓住我们的把柄，进而评判我们。这些批评会让我们沉默，而我们反过来又会用沉默拒绝接受它们。我们应当冷静地说出理由，表明我们不但不受别人只言片语的影响，还能更加坚定地站在自己的立场上。

本章讲述了在职场中可能遇到的艰难处境下，你应当坚持个人立场。需要强调的一点是，虽然本章讲到了男女天性的差异，但许多男性领导其实与我们是同一战线的。他们不希望见到任何形式的欺侮、性别歧视或恐吓。我是在多年前培训一位客户时明白这个道理的。这位客户是一家知名航空公司的COO，他总是向我示好，而我礼貌坚定地拒绝了他。后来我从这家公司的CEO那里得知他被解雇了。我这才倾诉道："我很高兴他离开了，他以前总是想对我动手动脚。"CEO说："你应该早点告诉我，这样，我就多了一个解雇他的理由。"那一次，我学到了重要的一课：在这种情况下，男性可以充当我们的捍卫者和拥护者。直到今天，这个道理依旧如此，因为各位领导者都在逐渐探索着创造一个充满包容和尊重的企业。所以，一定要坚持自己的立场，因为你不是在孤军奋战。不要觉得所有问题都要埋在心底，自己一人承担。从现在起，和支持你、重视你的人并肩作战吧。

如何领导女性员工

女性员工可能在各种情况下受到恐吓——从讲话被打断到不被人尊重，甚至受人欺侮。如果你能创造一个健康的工作环境，就能提升整个公司的管理水平，给予女性更多发展机会。你可以通过以下几点达成目标。

- 禁止职场上出现任何涉嫌恐吓、性骚扰、插话、剽窃（创意）、欺侮或性别歧视的行为。
- 如果有人在会上打断女性员工讲话，你可以说："我觉得玛丽亚还没说完。"对待欺侮和性别歧视行为，你可以说："放尊重一点。"如果有人剽窃创意，你可以说："我相信你也同意伊莎贝尔刚才说的。”

- 除了公开干预，你还可以私下找冒犯者谈话，告诉他们这样的行为十分不恰当。
- 给公司的所有人发电子邮件或者做团队培训，告诉员工你期望创造一种互相尊重、互相包容的企业文化。给员工解释这样的企业文化具体包含哪些内容。

02

PART

第二部分

准备出色的演讲脚本

CHAPTER 9

第九章

塑造你的领导者形象

汉弗莱集团培训项目的参与者是来自世界各地的女性领导者，而她们创作的演讲脚本大多无法展现其自信领导力的一面。她们中有人希望自己在会议上的发言能更有说服力，因为她们往往拥有很好的想法，却无法清晰有力地将其表达出来；另外一些人说自己在小组会议上表现出色，她们希望自己在一些重要的大型演讲中也能表现出色，鼓舞在场的每一位听众；还有一些人希望自己在面试中能更加自如地推销自己。我们培训过的几乎所有女性都希望自己的话语听起来更加坚定，更有说服力，不论是打电话、开电话会议，还是在走廊上和别人聊天、在电梯里和他人交谈。

要想站上舞台，让人们看到你是一位精力充沛的领导者，就必须在出席各种场合之前准备好自己的完美脚本。这里谈到的脚本不仅仅指正式演讲和报告的脚本，它的意义更为宽泛，从走廊闲谈到电话会议，从电梯间交谈到客户见面，我们要说的每一句话都可以被称作脚本。

本书第二部分将教你设计出色的演讲脚本。首先你要问问自己："我想将自己塑造成什么样的人？"成功脚本的精髓就在于能为自己打造积极正面的形象。

女性过于在意自己的错误、恐惧和缺点

男性往往以自己的优点为傲，他们会大方地接受别人的赞美；而女性则更倾向于揪着自己犯过的错误不放，但这样会暴露自己的恐惧，从而忽略自己的优点。接下来我们具体分析一下。

一、女性会展现自己缺乏安全感的一面

不论是初入商界的新人还是管理层的老手，女性都会展现自己缺乏安全感的一面。这正是内心那只乌鸦在作祟。不久前我参加了一场午宴，这场午宴的参与者都是女性。我到场时恰逢一位女性 CEO 登台讲话。她走上讲台，对听众们坦白："其实我并不喜欢在公众面前演讲。"说罢，人群逐渐安静下来，但糟糕的是，她并没有就此打住，而是继续说："我一直在想，为什么我如此不喜欢公众演讲。后来我有了答案，因为我在演讲时感到十分孤独。我觉得自己和在座的各位无法产生共鸣。"接着，她不温不火地讲了 40 分钟，在演讲进入尾声时，她再次表示自己内心缺乏安全感："这就是我的故事。我并非有智慧的人，不知道今天的演讲对您是否有所帮助。"作为国际科技公司领导有方的成功高管，她竟然以如此消极的方式看待自己，这令听众震惊不已。这样一来，听众们可能会认为她确实是个没有智慧的人。

我们不仅会在一些重大演讲和报告会上展现我们缺乏安全感的一面，也会在对自己的评价中展现这一面。女性可能会说："我不确定我有没有汇总好这次开会需要的资料。""我不知道你们是不是都能听清我的声音，我声音是不是太小了？"或"我说这种话真是太傻了。"诸如此类的评论会削弱人们对我们的信心，所以我们一定要注意这一点。有位女士曾说："我过去常常拿自己开玩笑，说'我连电子表格都打不开'

这样的话，但是后来我意识到，如果希望别人认真对待自己，就必须停止开这样的玩笑。”

二、女性会强调自己衣着不得体

为什么我们要强调自己感觉出错的部分，而这部分其他人甚至都注意不到？曾经有一次，一位女士需要登台把我介绍给听众们，但是那天早上起床时，她还不知道自己会有这样的任务。她衣着不太得体，还系了一条很难看的腰带。这本就是一个不好的开端，我对此感到十分遗憾，可是她对自己衣着的糟糕评价让我觉得完全没有必要。还有一次，我听说一位高管站上讲台后，看了看听众，说："我的发型还好吗？今天早上我觉得它好奇怪。”你能想象一位男士讨论他不得体的细条纹衣服和糟糕的发型时的样子吗？

三、女性会回避成功

面对自己的成功，女性会表现得十分低调。我曾经在一家企业与几位女性高管开会。她们在介绍自己时，都对自己能坐上高管的位置而感到惭愧。有一位说："我不敢相信自己竟然是高级副总裁。”另一位说："我不知道自己是怎么坐到这个位置上来的。”第三位说："我的头衔听起来好像很厉害，但其实我的工作很普通。”类似言论会将我们置于普通人的角色中，即便在扮演重要角色时也是如此。我以前向我的一位新客户询问她的职位，她回答道："副总裁。但是我感觉自己年龄大了，不该再占着这个位置了。”这让我感觉她非但没有为此自豪，反而觉得自己是一个“过气”的副总。

回避成功对于我们的职业生涯没有任何帮助。我认识的一位主管在完成业绩目标时从不将这些成绩告诉她的同事。她觉得这是在浪费大家的时间。这样一来，她的同事们认为她从未完成过任务，在互评时给她打了很低的分。最后，她只能另谋出路。

四、女性会转移别人的赞美

如果你夸赞一位女性手表时尚或穿着得体，她可能会说："我是在打折时买的。"或"这看起来贵，但其实挺便宜的。"如果你称赞一位女性的演讲十分精彩，你可能会听到这样的回答："真的吗？其实我刚刚特别紧张。"如果你告诉一位女性你喜欢她脖子上戴的项链，她也许会说："我也喜欢你的鞋，真得很好看。"女性这样说是为了告诉你她们没有你优秀。有一次我称赞一位女性人事副总的小手提包很可爱，她却说："我只能提手提包，因为我肩膀上有伤。说出来你可能不信，我办公室内装满文件的抽屉飞出来砸中了我的肩膀，我摔倒在办公桌下。别人因为肩膀受伤去医院是滑雪时摔的，而我呢，我是被一个装满文件的抽屉砸的。"从那以后，一想到这位女士，我满脑子都是她被撞伤后摔倒在地的样子，而不是她提着漂亮的手提包的样子。

五、女性有时对自己的定位有误

有时，一些女性在工作场合的表现非常不合时宜，例如与同事暧昧或者在会议室里表现出小女人的一面。我们的一位教练与绘制人类基因组的科学家们开过一场研讨会。虽然科学家中只有一位女性，但她是一位强者，姿态优雅，智慧超群。可研讨会开始还不到半小时，她的气场就被削弱了，因为她被参会的一名男士逗得咯咯直笑，就像一个青春期少女。他用她觉得温馨好笑的笑话毁了她的演讲，他的魅力瓦解了她的权威。这并不是谁有意为之，但是她默许了他削弱自己气场的行为。她从"科学界的领头羊"变成了"可爱的女孩"。一部分女性很容易陷入母性角色。一位副总告诉我：“我是参加董事会的唯一女性高管，喝咖啡的时候很难不去问我的男同事们是否也要来一杯。但实际上，我必须抵制这种扮演传统女性角色的行为，因为我希望在董事会上与同事们平起平坐。”

六、女性总是把自己看作“工蜂”

女性常将自己定义成公司里的“工蜂”，这也会削弱她们的领导能力。她们语音信箱的答复通常是：“不好意思，我现在不在办公桌前。”为什么她们就应该一直在办公桌前呢？当她们的领导夸她们是“好员工”时，她们会感觉受宠若惊。一位女性副总告诉我：“我领导介绍我时会说：‘她能做好一切我交给她的任务，我只管放心，等着事情有所突破就好。’我会觉得这是莫大的赞美。”这确实很能说明人们是怎样对待女性员工的——对她们步步紧逼，直到她们崩溃。这绝不是对一位领导者的赞美。Catalyst 做了一项研究，名为“不成文的规定：你不知道的事情会毁了你的职业生涯”[1]（Unwritten Rules: What You Don't Know Can Hurt Your Career）。这项研究对影响晋升的因素进行了评估，结果表明，“长时间工作”和“精力充沛，大量工作”排名非常靠后（得分分别为 29% 和 31%）；相反，“社交能力”得分很高，有 71%。

即便是非常成功的著名女性也只会将自己定义成“优秀员工”。希拉里·克林顿首次进入国会时对媒体挥手说：“我是干活的马，不是表演马术的马。”[2]在《名利场》（*Vanity Fair*）杂志的采访中，演员莎拉·杰西卡·帕克（Sarah Jessica Paker）说：“我不停地工作、工作、工作，直到我筋疲力尽，必须有人帮忙才能离开。”[3]雅虎 CEO 玛丽莎·梅耶尔在斯坦福大学演讲时被问及成功的秘诀，她回答说：“我喜欢工作。”[4]

奉献精神和干劲固然重要，但是只靠把工作做到完美就能获得成功只是一个神话。有很多女性花费大把时间制作信息全面的幻灯片，可是真正到了演讲的时候，会议室里只有几个人注意到了这些信息并对它们进行思考，这些人还会因为自己的洞察力受到赞扬。日常生活中，每天都有铺天盖地的信息，处理好这些信息十分重要。与他人交谈时不要谈"工作"二字，也不要把具体的工作过程告诉他们，比如"我们做了……现在我们正在做……下周我们计划做……"切忌使用"忙碌"一词，比如有人问你"最近怎么样"，你最好不要回答："我很忙。""我忙得快喘不过气来了。"或"我最近压力很大。"就算是在电梯里和别人闲聊，也不要这样说。

我认为女性应该意识到这一点，只给别人留下好员工的印象对走向成功毫无帮助。一位参与培训的人说她的前辈对她说："如果你还只顾着坐在办公桌前埋头工作，不抓住机会拓展人脉、参加会议或扩大社交圈，那你也就只能坐在办公桌前了，做一匹埋头苦干的驮马，永远无法成为会议上的决策者和领导者。"这番话令她茅塞顿开。她解释说："这些话坚定了我走出办公室的决心，督促我跨出自己熟悉的社交圈，开始建立对自己晋升有利的人际关系。"

走出自己的保护壳，站上领导者的舞台，丢掉那些会贬低自己的演讲脚本，重新开始创作吧！

建立你的领导者形象

如何重塑演讲脚本，将自己的形象塑造成自信的领导者？**首先，要坚定自己能处于领导地位的信念，永远不要低估自己。**不要把自己缺乏安全感这一点说出来，不要提醒别人自己的衣着不得体，不要回避自己的成功，不要转移别人的赞美，也不要将自己定义成员工或传统的女性形象。相反，要寻找新的发言方式，展现自己积极的一面，把自己打造成领导能力出众的形象。你要通过语言在别人心里建立良好的自我形象。

你会发现**使用恰当的领导者词语也能让你处于更加有利的地位**。想一想你希望自己具备什么样的领导者品质，将前十条品质列成清单，提醒自己时刻向它们靠拢。也许你的清单上有“鼓舞人心”这一条，那就这么说：“对于我们能实现的愿景，我备受鼓舞。”激励是能够感染旁人的，如果你欢欣鼓舞，那么其他人也会受到你的影响而振奋起来；另外，你还可以用专注、精力充沛和自信这样的词语来描述自己，例如在开会时，你可以说：“我非常专注于结果。”“我深受我们策略性愿景的鼓舞。”巴西总统迪尔玛·罗塞夫（Dilma Rousseff）是联合国历史上首位在一般性辩论中率先发言的女性领导人。非常雄辩的她分享过自己作为女性领导人的价值观：“从个人角度出发，我很谦逊，但是作为女性，我十分骄傲能迎接这一历史性时刻。还有两个词语对我而言也十分重要，就是勇气和真诚。今天我也是心怀勇气和真诚在这里发言。”[5]如果你也为自己找到了一个“领导者词语”或者一系列描述你领导者品质的词汇，一定要经常说这些词语，这样，其他人才会认为你具备这些品质。而你也会以新的视角看待自己，进而受到激励，朝着这个方向努力。

领导者需要考虑大局，所以你要培养自己成为有远见、有战略思维的思想家。IBM 公司的首位女性 CEO 弗吉尼亚·罗梅蒂（Virginia Rometty）就是很有远见的人。她第一次在股东面前演讲时就说：“我们公司具备十足的创新能力，不断转变是我们一直以来的追求。这就是IBM公司创建一百多年能屹立不倒的原因，而且我们还能继续蓬勃发展百年。”[6]玛丽莎·梅耶尔在接受媒体采访时谈到了公司在市场不景气的情况下发展的计划：“现在市场竞争激烈，举步维艰，我并不能保证成功。我只专注于用户体验、高端科技和优秀人才。”[7]即便你不是像IBM和雅虎这类国际大公司的总裁，只要你想成为领导者，你就必须有远见。大局思维要求你对公司的发展有一个宏大的目标。

考虑大局也意味着要有专注力，能提出解决方案，但这并不表示你一定得是高管。你也可以是与内部客户打交道的人事专家或交易分析员，由于更加了解他们的目标，所以你的工作效率也会更高。或者你也可以是跨专业团队的一员，因为视野宽广，所以能够帮助团队建立共享解决方案。成为一名全局思考者意味着你要跨出自己的领域，考虑众人的想法，提出综合性解决方案。

不论身处何地，无论在电梯中还是在会议室里，你都要怀有远大的目标。如果有人问起：“工作进展如何？”你可以回答：“我们正在对方案进行最后润色。”或“这项投资已经开始获益了。”一定要把自己塑造成决策贡献者的形象。我们之所以能找到工作，领到薪水，不仅仅是因为我们有真才实学，还因为能灵活运用这些知识，把它们转化成好的创意并有所作为。因此，开会时不要害怕说出自己的想法，直接举手然后说：“依我之见……”“我们或许能从另一个角度来考虑……”或“我有一个想法”。

与很多女性认为的“管理层不想听取员工意见”相反，**其实管理层十分乐于听到你的见解。**一位女客户惊讶地和我讲，她参加完一场高层会议后，公司CFO对她说：“你在会上提出的看法非常精准。”一开始她想不起自己到底说了什么——她竟然对自己为讨论做出的贡献如此不在意。她意识到这一点后想道："我还不够大胆。"因此，你要意识到自己的观点是十分珍贵的，应该多表达自己的观点，只有自信地表达，别人才能意识到你的观点确实十分科学。这并不是高管的特权，所有人都应该做到这一点。

塑造领导者形象的最后一个要点是：**为自己创作一个"电梯间故事"来应对各种突发状况。**在一家公司通过首次公开募股（IPO）上市时，公司的媒体代表总会讲一个公司的故事来展现公司取得的成功和快速发展的潜力。我认为，作为个体，我们每个人都应当为自己准备一个"IPO 故事"，通过这个故事告诉大家自己出色的个人成绩。例如，假设你是软件实验室的负责人，那么你的故事就应该是这样的："大家好，我是加拿大 Trillium 软件实验室的负责人，我叫萨拉·罗斯。去年，我们实验室开发出新一代人事系统软件，这个软件已经正式出版发行并在北美和欧洲取得了巨大的成功。我为我的团队感到十分骄傲。"这个故事虽短却精。当然，你不必每次都一字不差地复述这个故事，但其中的细节一定要讲出来。作为练习，你可以先在纸上写下你的"IPO 故事"。

总而言之，要随时随地塑造自己的领导者形象，不要刻意贬低自己。想办法展现自己的成功，用新的故事体现你的领导能力。通过语言在会上或其他场合塑造自己的领导者形象。因此，创作领导者演讲脚本的第一步就是为自己塑造强大的个人形象。

如何领导女性员工

女性总是过分在意自己的弱点而忽略自己的强项。作为一名领导者，你在帮助自己的女性员工看到她们最好的一面上有不可替代的作用。

为了让女性员工更好地发挥自己的能力，你应该做到以下几点。

- 鼓励女性员工谈论自己积极、优秀的一面。
- 注意你描述女性的言辞。“哦，苏珊啊，她是个很努力的员工。”这样的话会把她们描述成实干家而不是领导者。你是不是这样描述女性多过男性呢？
- 制定策略来处理员工们没有安全感的问题。比如，当女性员工回避称赞时，你可以询问她们为什么不相信这些赞美之词。理解她们的感受对你们双方而言都非常重要。
- 当女性员工表现出领导者行为时，你可以指出来，就像指出团队其他成员的优点那样，她可能都没有意识到自己具备这些品质。
- 帮助女性员工成为大局思考者。在她们提出逻辑清晰且具有价值的观点时，给予她们赞美。

CHAPTER 10

第十章

讲话要掷地有声

当我见到来公司上培训课的女性时，会问她们一些问题，其中最典型的问题是：你们觉得自己表现自信的能力如何？我还记得一位叫萨拉的女士回答时积极热情，说自己现在讲话的语气听起来比以前自信多了。她当时是这样说的："或许几年前我还是个总把'对不起'挂在嘴边、做事十分小心翼翼的人。那时候我总想着别把事情搞复杂，所以常常闪烁其词。不过，最近我已经在试着直截了当表达自己的看法，虽然我也不太确定，但我感觉自己的语气听起来应该比以前自信一些了。"听她说自己进步如此之大我也很开心，但听完她的回答不难发现其实萨拉的言辞依旧透露着诸多迟疑。"或许""试着""十分""感觉""不确定""应该是"这样的词语削弱了她语言的力度。

然而仍有很多女性并没有意识到她们言辞中的一些词语在他人听来非常没有力度。人们经常会用谦辞来营造一种其乐融融、齐心协力的氛围，可正是这类谦辞削弱了人们语言的力度，最终让自己的口吻不像真正的领导者。1975 年，玛格丽特·撒切尔出任英国保守党领袖，当时撒切尔说的话让人们感觉她对自己的新职位还不太适应。曾有一位英国广播公司的记者采访她，问她对自己的新职责作何理解，撒切尔的回答很直接："我太忙了，没时间考虑这些事。我还是我，我的家人也这么想。不过我十分清楚自己的职责所在，虽然偶尔也会有些许不安。可是想想保守党的历任领袖，[1]谁又能一点都不焦虑呢？”谁能相信，这些话竟出自“铁娘子”之口呢？

不过最终撒切尔成长了，后来，她说话时每个字都掷地有声。同样，如果我们希望自己的发言有分量，希望自己成为能鼓舞人心的领导者，那么我们讲话时也一定要掷地有声。

女性经常使用弱势语言

下面列举一些女性经常使用的、让自己的言辞听起来十分迟疑的语言。

- **发言前先征得他人同意，但其实根本没有必要。**例如：女性发言前可能会问：“您介意我补充几点吗？”而不是直接提出自己的看法。如果你只是想在别人发言的基础上补充一些看法，这样的询问反而会让你处于比其他人低一级的位置。
- **道歉的次数过多。**我们常在语音信箱留言：“对不起，我现在无法接听您的电话。”“十分抱歉，现在电话不在手边。”女性还会在开始一段对话前先道歉，比如：“不好意思，我想评论一下吉姆的观点。”又或者，有人从拐角处走来，两人险些撞上，谁会先张口道歉然后让开路呢？答案很明显，是女性。一位参加研讨会的女士告诉我们，这一点引起了她的共鸣。“我以前总喜欢道歉，要讲一个比较难的话题或是要和有其他事情先做的人打交道之前我都会先说‘对不起’，但现在我不那么做了。”
- **即使知道答案也仍旧会提问。**有 80% 的女性表示，即使她们已经知道了问题的答案也依旧会提问。[2]这令人大跌眼镜，这是为什么呢？如果她们想要表现得合群一些，她们可能会说："这些数据都没问题，对吗？"但其实她们很清楚这些数据确实没有问题。有一位主管和她的员工说："你觉得听众能在你演讲时提到特定信息时与你产生共鸣吗？"她实际上想要表达的是："你的信息要更清楚、更贴合大众，这样听众才能产生共鸣。"但是她不想表现得太过冒犯，所以没有直接下达命令，而是提出一个问题。在请求同事做事时，女性不会直接说："我想让你……"而会这样问："你觉得你可以做……吗"平时，女性几乎每说完一件事都会加一句"你明白我的意思了吗""这样对吗""你懂了吗"或是"这样行吗"。尽管这样的提问本意是确保听众确实听懂了演讲者的说话内容，但是听起来让人觉得演讲者对自己的发言没有把握。

- **频繁使用修饰词导致语气被削弱。**最会削弱语气的词语是修饰语，例如"只是""我只是想说一下"。我们还常说"一点"，比如"我有一点担心"。还有"仅仅"和"也许"，"这仅仅是一个构想，也许我们应该……"我们还会使用摇摆不定的词语，例如"大概""可能""一般来说""但愿""有点"或者"颇为"。这些修饰词都让女性的语言听起来极具试探性，让人们感觉她们没什么自信。我们还要避免过多使用修饰词，因为诸如"非常""绝对""真的""大体上""总是"之类的词反而会削弱它们修饰的词语本身的力度。细品"我绝对准备好登上舞台了"和"我准备好登上舞台了"这两句话，前者的语气反而更弱。
- **倾向于使用弱势词语。**我们会说"我认为我们能从中学到东西"，而不是"我确信我们能从中学到东西";我们会说"我估计……"而不是直接说"我们知道";我们也会说"我会尽力……""我会试着……";我们还常说"我希望……""我感觉……"和"我相信……"这些言辞听上去都处于弱势。在邮件结尾写"希望该提议能满足您的要求",表明你自己不确定提议是否符合要求——而这并非你想传达给客户的信息。此外,说"我觉得我们应该做这件事……"听起来好像你根本就不清楚我们是否应该做这件事。如果换一种说法:"我确信我们要做这件事"或者直接简单地说"我们要做这件事"会好很多。即使女性很确定一件事情,也总用不确定的语气。在她们对别人有事相求时,就会更加弱化语气。例如,一名女性商店经理让下属换货时可能会这样开口:"也许你可以……"那么到底谁才是下属呢?

- **表达当下观点时使用过去式**。我们这样做是为了让自己的语气听上去不那么绝对。例如,女性可能觉得有些话难以开口,为了开始谈话,她们可能会说"我只是想和你谈几分钟"而不是"我想和你谈几分钟"。女性还可能在会议上发言的时候说"我觉得我们可以讨论一下"而不是"我们应该讨论……"。女性发邮件的时候也会在开头写"我觉得我应该和您联系",我们用这种语气就仿佛自己不会再做我们正在说或正在做的事情,当然,这并不可能,我们只是用这种语气来弱化自己的气场。
- **使用削弱自身气场的开场白**。在正式开始发言之前,女性总会说"也许你们已经有所耳闻,但是……""我不确定你们是否知道……""这只是我个人的看法"或"也许我是错的"。还有我们听过千百遍的开场白:"这个问题也许十分愚蠢,但是……"为什么要降低发言的可信度，用这样的开场白让别人小瞧你呢？

- **在发表态度强硬的话语后提出妥协条件。**我们这样做是为了挽回一点局面，让自己说的话听上去没有太过强硬。例如，“我希望大家能够合作——如果你们也觉得没问题”“我们可以为你提供套餐，但是我要先核实一下”或者“我的经验没有问题，但是我不知道数据是否支持”。在汉弗莱集团，我们花了大量时间反复练习、互相听课，来确保我们对要教授的内容了然于胸。我的助理绝不会说“我有几件事要和您谈谈，或者您觉得其他什么时间比较合适”，她只会简单明了地说“我有几件事要和您谈”，我也一定会抽空和她讨论。
- **使用情绪化的词语削弱自身气场。**如果你想感谢你的员工出色地完成了项目，不要说“我真的很开心”或“我真心诚意地对你们表示感谢，你们无法想象我有多么感激”。直接说“谢谢你们”就足够了。女性比男性使用“需要”这个词的频率更高，比如“我需要你帮我做这件事”。表现出需要他人帮助的意味并不能帮助你塑造领导者形象。
- **说话时过分表达感激之情。**表达感激之情本身没有任何问题，但如果表达太过了就会让你的语言听起来没有底气。例如，我曾经给一位女士介绍了工作，她来信说：“过去几个月里您帮了我很多，对此我表示十分感谢。您不知道这对我有多重要。我还没有接到关于这份工作的消息，但是无论如何，您帮了我很大的忙，我希望您知道这对我意义重大。”这样的溜须拍马反而会适得其反，让收到信的人觉得她毫无价值。
- **说话时使用过多的“我”，从而削弱了自己的领导者气场。**不论在哪种文化中，女性都比男性更爱说“我”“我的”这一类词语。[3]然而事实证明，频繁使用“我”效果其实不尽人意。研究表明，职位低的人比职位高的人会更频繁地说“我”。[4]一位 CFO 告诉我，有一位主管在一小时的谈话中多次说到“我”，这让他觉得她还不适合升职。说“我”的时候一定要有公司政治敏感度。我听说过这样一件事，雄心勃勃的男性和女性都去找他们的领导说：“我想得到这份工作。”他们中的一个人在这不久之后就离开公司了，另一个也被老板评价为“太具攻击性”。所以一定要谨慎使用“我”，这个词用对了能帮你塑造领导者形象，可一旦用错会给别人留下不好的印象。其实对于领导者而言，只要能正确使用“我”，效果会十分好，尤其是在你想表达自己坚定的信念的时候。比如，你可以说：“我坚信我们的提议有理有据。”但如果说“我”时过于以自我为中心（“我为公司奉献了太多”“我应得的不止于此”或“我工作如此卖力”），就会破坏你的形象。

本章描述的语言模式有助于解释为什么我们说话时没人听，或者为什么别人不把我们放在眼里。在我们的一堂课上，有位女士很聪明，她以幽默的方式总结了这个关于弱势语言的话题：“真是不好意思。我只是想知道，我们能不能稍微多讨论一些关于弱势语言的话题，当然了，前提是在座的各位都愿意的话。很抱歉，也许这个提议听起来很傻，但是我觉得我还没理解到底什么才是弱势语言。”在场的所有人都哈哈大笑，因为她完全抓住了那堂课的精髓。

修正你的表述

修正表述的最佳方式就是听自己的录音，记下自己说了多少次弱势语言。一旦意识到这些弱势语言的存在，你就要开始有意避免使用它们。一位来参加我们研讨会的女士名叫格伦达，她在课程开始的最初几个小时里至少道歉了20次。她一靠近别人一米以内，就会说“对不起”。她和别人同时想发言时，她会道歉，然后让对方先讲。她碰到别人的椅子时也会十分抱歉。有一次，她竟对着一个自己不小心碰倒的空椅子道歉。不过格伦达很幸运，她在培训期间得到了许多女性的支持，她每次说“对不起”，别人都会回以微笑。后来，格伦达对自己的习惯性道歉痛定思痛，之后她每道一次歉，就会翻一下白眼。等培训课程结束时，她已经彻底改掉了这个习惯。

另一位希望自己发言更加强大有力的培训参与者分享了一个非常有效的办法：提前排练。她解释说：“我每周都会和公司高层开电话会议，我发现自从参加了这个培训项目，我越来越自信了。我正在努力避免说弱势词语，例如‘我认为’和‘我希望’。如果我对会上要讲的内容没有十足的把握，就会在开会前一天进行排练，这样我就能去掉言辞中的不确定表述，让自己更自信。”

现在，最大的挑战就是记住哪些言辞属于弱势语言，听自己的发言录音，一旦听到这类语言就立即做出修正，避免以下情况发生。

- 询问能否发表见解。
- 在没有必要说抱歉的时候道歉。
- 提出自己已知答案的问题。

- 频繁使用修饰词，例如“只是”“仅仅”“颇为”“一点”“很有可能”“相当”。
- 过度使用修饰词，例如“非常”“真的”“绝对”“实际上”。
- 使用弱势词语，例如“我试试”“我想要”“我需要”，还有最常见的“我认为”。
- 想说现在发生的事却用过去式。
- 在正式发言前说会削弱自己语气的开场白。
- 说完观点后又提出妥协条件。
- 使用情绪化的词语。
- 频繁道谢。
- 不合时宜地说“我”。

经过一系列调整，在给员工做绩效评估时，你不会再说：“我想说的是，我认为你今年做得不错。你处理了一些团队成员分工的问题，不过我还不能完全确定这一点，是这样吗？也许我该听听你的想法。可以吗？”这番话经过修正后应该是：“你今年工作非常出色。你解决了团队成员分工的问题。我想听听你的想法。”

有一位认可我们课程在语言培训方面的表现的女士在培训结束后来信说：“这么多年来我一直在收看一档名叫‘时尚大忌’（*What Not to Wear*）的节目。节目的内容是改造有经济能力的人（主要针对女性），帮她们买新的衣柜、漂亮的鞋子，最重要的是，为她们注入对生活的热情。我不禁将这个节目和培训中的一些内容联系起来。那堂课结束后，我十分注意穿着打扮。注意言辞就好比挑选衣服，言辞和我们穿在身上的衣服一样。我们需要清理‘衣柜’，剔除那些让我们听上去不够聪明、自信和有实力的话语。”阿维娃·维滕伯格－考克斯（Avivah Wittenberg-Cox）就在她的著作《妇女如何平等参与经营》（*How Women Mean Business*）中提到：“女性经常使用的各种词语在男性听来并不是一个有领导潜力的人该说的话。”[5]

如果修正本章开篇时提到的萨拉说过的话，应该是这样的：“我过去说话总是心怀歉意又小心谨慎，这削弱了我的语气，听起来一点也不自信。现在我进步了。”在这里，我想呼吁广大女性，你有实力重写你的演讲脚本。想想吧，其实每次发言你都有机会增强个人气场，让你的观点深入人心。而这一切都取决于你自己。

讲话掷地有声，别人才会相信你、相信你说的话。对于正在读这本书的公司前辈、引荐人和所有男性，你们可以认真倾听女性的发言，然后给出有指导意义的、清晰的反馈，这样能让她们发言更加有力和自信。当然，这条建议同样适用于公司的某些男性。

如何领导女性员工

女性经常说弱势语言（只是、一点），提妥协条件（“我可能搞错了”或“这只是我的想法”）和弱势词语（“我认为”“我猜测”），她们会对自己知道答案的问题提出疑问，还会在完全没有必要的时候道歉。女性之所以这样说话，是为了让自己听上去谦逊低调。但是这些言辞对她们的领导之路没有任何帮助。作为女性员工的领导者，你可以做以下工作帮助她们。

- 认真阅读本章内容，了解女性惯用的弱势语言。

- 问问自己：“女性的确比男性更频繁地使用这些语言吗？”
- 如果你听到有人说这样的试探性话语，私下里和她聊聊，说出你观察到的现象，引导她明白这样的话语会削弱别人对她的信赖。
- 开设课程，帮助女性员工学习成为出色的领导者应该注意的言辞。

CHAPTER 11

第十一章

设计即兴演讲脚本

学校或者大多数领导培训课都不会教你如何设计言辞有力、极具说服力的演讲脚本。我是从第一位领导——罗伊·柯蒂尔那里学到这些内容的。他招我进公司时我刚辞去大学教师的工作，进入公司后他开始培养我做一名高管演讲写手，专为公司CEO和其他高管设计演讲脚本。这项工作并不简单，我还记得自己第一次把设计好的演讲脚本递交给他后，就飞快走回了办公室，因为我不想看到他读稿的样子。就在我刚回到自己安全的小格子间后，电话铃响了。他在电话那头用带着一丝暖意的声音说："你做得不错！"柯蒂尔告诉我优秀的演讲脚本一定要逻辑清晰且具有说服力。他亲自给我讲述了有必要使用的信息和结构，这些内容不仅限于正式演讲，所有交流、谈话都适用。

本章教你如何设计逻辑清晰、结构明了的演讲脚本。无论你的观点多么有理有据，你的发言多么自信，如果你的表达方式没有说服力，听众就不会买账。汉弗莱集团已经将本章提到的方法论——领导者演讲脚本®注册了商标。这个模板能帮助你组织思绪，说服听众。无论是在演讲还是在电梯里聊天，你都可以按照这个模板整理思路。

设计演讲脚本

领导者演讲脚本对所有人都适用，不过它对女性来说尤其重要，因为它能有效降低女性说弱势语言的频率，改善女性不自信的态度，帮助女性用大方直率的方式讲话。加阳国际农业公司 CFO 史蒂芬·戴尔曾说："女性说话时更倾向于不断地提问，而男性更为直接。女性会说'你觉得这样可以吗'而不是'我相信这个方法一定行得通'。"

下面是领导者演讲脚本的模板。

领导者演讲脚本 ©

开场白：________________

主题：________________

观点：________________

框架：________________

第一点：________________

第二点：________________

第三点：________________

重复观点：________________

行动号召：________________

主题和观点是这个脚本的核心部分，所以开场白结束之后就说比较妥当，然后你可以再慢慢进行详细说明。注意，你还要在快到结尾时再次简单重复主题和观点。这个模板里的每一步都能帮助你更完整清晰地将信息传达给听众。

具体而言，成功的演讲一般包括以下内容。

开场白

演讲首先要有开场白，开场白能让你和听众们一同参与到演讲中。这就好比是在和听众们招手打招呼，引起大家的注意，拉近双方的距离。你可以以你自己（“我”）、你的听众（“你们”）或者你和你的听众都知道的事情（“我们”）开始演讲。下面给出一些例子。

- 以“我”开场：“对于这个问题 / 这次挑战 / 你们的态度 / 我们的数据 / 这次讨论，我想了很多。”“我很荣幸能获此殊荣。”“我很高兴，因为我们的团队今年收获颇丰。”
- 以“你们”开场：“在座的各位都做出了很大贡献。”“你们的表现都非常出色。”“大家早上好。”
- 以“我们”开场：“我们有一个共同的目标。”“我们对此已经达成一致。”“我们需要制定一个解决方案。”

开场白的长短视情况而定。对于相对正式的演讲和报告而言，开场白控制在一分钟左右为宜。例如，我们可以把“大家早上好”这样简短的开场白稍微扩展一下：“大家早上好，今天的会议开得正是时候！”如果演讲者是领导者，接下来会再次强调会议的亮点，从而调动参会人员的积极性，与大家达成共识。对于非正式发言，开场白讲一两句话就足够了。

主题

开场白结束后，应当立即进入演讲主题，明确告诉听众你要讲的话题是什么。你可以说："我想探讨一下……""我想谈谈……"或者"我准备的话题是……"（如果大家已经对演讲主题有所了解，你就不用说这些了）。

观点

领导者演讲脚本中最关键的部分就是你的观点，因为在这一部分，你要表达你的主要观点。主要观点可以是一个想法，也可以是一个论点，但要基于你的个人信念得出并且要有理有据。如果你的演讲连个人观点都没有，那么听众可能会怀疑："我还有听的必要吗？""这个演讲要讲什么？""演讲重点是什么？""这和我有什么关系？"观点并不是简单的事实陈述，而是领导力的展现——你相信某个观点，那么现在你就要给出证明。以下表达可以帮助你组织语言。

- "我相信……"
- "我坚信……"
- "本次演讲的内容要点是……"
- "我的观点是……"
- "我认为……"
- "依我之见……"

个人观点会加强大家对你的信任。无论你的听众是董事会成员还是你的领导者，他们都想知道你要讲的重点是什么，而不是东拉西扯。如果他们听到了你的观点，就会想："啊！这就是重点！"

框架

框架应该放在整体介绍演讲之后，对于演讲的整体结构进行一个概述。如果你要通过一系列理由证明你的观点，那么你就应该这样描述你的演讲框架："关于我的看法，我会给出三点理由。"如果你想先提出一个问题，再给出答案，你可以说："首先我会讲一讲我们遇到的问题，然后我会给出对应的解决方案。"这一部分能帮助听众紧跟你的演讲节奏。因为这相当于给听众发了一张演讲"示意图"。

演讲主体

给听众建立了演讲的整体架构之后，你就可以进入主体部分了。在这一部分，你要详述你的观点和理由，说服听众，让他们认同你的看法。你可以用以下方法组织语言、详述论据。

- 理由法：列出理由，证明观点的有效性。
- 证明法：证明观点的真实性。
- 自问自答法：先抛出一个问题、挑战或机会，然后给出对应的解决方法和应对方法。
- 展望未来法：先谈论目前的状况，然后描述你的观点对未来的影响。
- 时间推移法：一步一步按照时间线描述事件进程中的每个点对每个阶段的影响。

以上方法都是演讲中常用的方法，你可以选择一种或几种最适合的方法证明你的观点。

讲到要点时，要说一些标志性词语，这样听众才知道接下来需要认真听讲。比如说你要陈述理由，当你要讲第一个理由的时候，就说："我认为第一个理由是……"或"首先，我认为……"，或者你也可以直接说“第一……”，当你要讲其他内容时，同样要这样做。说明“第一、第二、第三”对于演讲者演讲和听众听讲都能起到厘清逻辑的作用。否则，要点可能会被混淆，而这是你绝对不希望发生的。标志性词语可以让你的演讲逻辑清晰，每一个要点都能成为强有力的论据。

如果你要准备的不仅仅是电梯间聊天或者对问题的简短回答，就一定要详细充分地说明理由，这时你需要继续划分分论点。讲分论点和讲主论点的方法一样：挑选合适的方法详述分论点。这一点在后面几章会举例说明。

重复观点

详述完理由后，你要把听众的思绪拉回演讲开始时你提出的观点。此时，你可以用重复观点的办法把听众“拉”回来。比如，你可以说：“正如各位听到的，我们已经多次证明了最初的观点。”

行动号召

一旦观点得到验证，你就应当开始进行行动号召。你可以说自己即将采取行动，也可以呼吁听众付诸行动。很少有演讲者呼吁他们的听众将演讲内容付诸实践，但是领导者一定会这样做。因此，你需要明确地告诉听众他们能够做什么。你可以说：“我非常期待各位对本项目的支持和赞助。”“让我们互相支持，共同努力，将这一想法付诸实践，我们可以先在公司内部尝试，然后努力获得成功。”不要说：“如果有任何疑问，请立即联系我。”但这正是大多数人喜欢写在邮件结尾的一句话。我把它称为倡议中的“半吊子”。

以上就是有关领导者演讲脚本的全部内容。利用这个模板，我们可以确保自己的每次演讲都有开场白、清晰的观点、证明理由以及提倡与呼吁。但是我们无法确保自己每次发言都能按照这个演讲脚本的顺序进行。面对临时会议、面试或谈话，你可以根据实际情况分阶段使用其中的部分内容。但如果你能记住整个脚本模板的内容，你最终会讲出所有的理由然后得出结论。每次使用这个脚本模板演讲，你都会显得是有备而来、见解深刻的。所以，请牢记这份模板。

想在会议中发言，就一定要清晰、果断地提出自己的想法。一个企业，既需要男性思想领袖，也需要女性思想领袖。想成为思想上的领头羊，最基本的就是要能够逻辑清晰地表达自己的观点。之后的三章将详述在不同情况下如何运用领导者演讲脚本模板。运用好该模板，你不仅能体现过人的才智，还会让听众成为你思想的追随者。

如何领导女性员工

你一定希望公司的女性员工有一定的影响力。达成这一目标的一个重要的方法就是设计出出色的演讲脚本。对此，你能做些什么呢?

- 认真阅读本章内容，了解领导者演讲脚本模板的作用。
- 问问自己："我团队中的女性成员发言时讲到她们的观点了吗？""她们在说服别人时有没有清楚地说明要点？""她们发言结束时有没有提出倡议？"
- 在这些方面给员工做培训。

CHAPTER 12

第十二章

会议脚本准备

在我们的一次研讨会上，保险公司经理索菲娅准备了一份演讲脚本，准备在会上讲给领导听。她想要传递给领导的信息是："我确定我今天提出的三个方案都绝对能给公司带来效益。"分别详述 3 个方案后，她再次提起她的观点："如您所见，这 3 个方案都会完美地解决问题。"

在中间休息的时候，我们的教练找到她，给予她反馈并问道："就咱们两个人聊聊，你实话实说，3 个方案中你认为哪个是最佳方案？"

"哦，那肯定是第二个。"索菲娅不假思索地回答。

"你可以试着把脚本改一下，这样说：'我坚信第二个方案是最佳方案，接下来我会说明理由。'"教练说。

"也许我可以试试。"索菲娅说。于是她们共同努力，对脚本做了改进，索菲娅的发言也因此变得更具说服力。两周后，她的领导打电话找到我们的教练。

"几周前我们公司的一名员工在您那里参加了'登上舞台'培训项目，我不知道您都教了她什么，但是 30 年来，我第一次感觉我付给她的工资物超所值。"

一份出色的演讲脚本能传达出清晰、有力的信息，而不仅仅是供别人参考的选项，索菲娅的成功就说明了这一点。本章将讨论常见的三种会议类型的演讲脚本。你将看到，领导者演讲脚本能帮助你成为专注且号召力强大的领导者。

正式会议发言

正式会议对你和听众而言都非常重要。这些场合可能包含给董事会作报告或为销售团队演讲。根据企业文化和习惯的不同，你也许还会用到幻灯片作为视觉辅助手段。

在众人面前发表正式演讲前，最好能写出完整详尽的脚本。例如，假如你在一场有 300 人参加的行业会议上发表演讲或者作报告，可以以领导者演讲脚本为模板，然后在每一部分都加入具体内容来支持你的观点。这样，你就对自己要说的每一句话都有了十足的把握。如果你的听众人数不多，你可以用这个模板写一个较为简洁的脚本。

接下来这个例子是以领导者演讲脚本为模板，为公司招待会上的正式演讲写的脚本。演讲者是一位经理，她要给公司销售人员介绍销售中团队工作的重要性。她的开场白非常精彩，自然而然就过渡到了她清晰、完整的个人观点上，整场演讲十分出色。

开场白： 几年前，有一位新人销售员加入我们公司。她立志超过所有人，在来到公司的第一年就成为销售冠军。她希望自己能不靠任何人的帮助，独立完成目标。到了年终，她的销售业绩却是最低的。你们知道我是如何得知此事的吗？因为那个新人就是我。

主题： 今天我要给大家分享一个销售中的有效技巧。

观点： 我坚信，只有团队合作才能让我们的团队取得最佳销售业绩。

框架： 首先，我会解释为何团队合作如此重要；然后，我会谈谈我们怎样做才能提高业绩。

第一点： 团队合作是销售成功的关键。

- 能为客户提供多样的投资组合。
- 帮助团队找到最佳解决方案。
- 让客户欣赏我们的团队。

第二点： 团队合作需要我们齐心协力。

- 我们要暂时忘记个人。
- 我们要给客户互相介绍对方。
- 我们要协同工作。

重复观点： 如果我们能做到这些，销售业绩一定会有所提高。

行动号召： 我们的团队也会更加优秀，实现卓越的目标，创造美好的未来。

想象一下，你的演讲达到了一种效果——给团队传达了新的愿景，描绘了振奋人心的未来。这个脚本适用于任何内容，从新的策略到客户机会都可运用此模板。因此，如果下次你要发表重要的演讲，可以参考这份演讲脚本。

非正式会议发言

和正式会议上的发言不同，我们在每天的例会上也要进行非正式发言，留给发言人的准备时间自然更少。你可能只有短短十几分钟，甚至只有几分钟的时间来整理你的思绪。通常这种非正式发言只是向团队报告项目的最新销售数据。

以下例子包含三种不同模式，均运用了领导者演讲脚本创作非正式会议发言脚本。

在第一个例子当中，人事经理准备向领导汇报项目的最新进展。脚本只采用大纲形式，经理在汇报时会展开说明。注意，脚本要简短而且要突出经理的业绩。

开场白：您近来如何？我们有好一阵子没见面了。

主题：我有许多进展要向您汇报。

观点：我非常高兴，因为所有事情的进展都十分顺利。

框架：我主要和您说三点内容。

第一点：首先，员工敬业度调查结果喜人。

第二点：其次，我们的接班人计划开展得很顺利。

第三点：最后，尽管我们在人才招聘方面遇到了一些问题，但我相信，我们来年一定能填补目前空缺的职位。

重复观点：因此，我们正在按照规划稳步前行。

行动号召：我相信大家会在预期内按时完成目标。

下一个例子是非正式会议的演讲脚本。31 岁的佩妮是银行交易大厅的经理，她会将自己的发言一字不落地写下来，然后在上班路上记住。她这样做是为了确保自己能够明确地告诉其他交易员应该如何把握眼前的机遇。

开场白：大家早上好。

观点：今天早上我要和大家讲一讲下个月我们的三次机会。

第一点：第一，我要讲最重要的机会，就是与优联能源集团的合作，我们是这笔收购交易的承销商。优联集团是我们在美国各大能源公司中的首选。他们公司的高层会在多伦多和蒙特利尔召开会议，我们将安排大家在这两个城市与对方公司的CEO见面。

第二点：第二，伦敦团队将举办一场21世纪农业发展会议。有十多家公司的代表会出席，我们有机会与其中几家公司的代表开展一对一面谈。

第三点：第三，我们会为对信托收入感兴趣的人提供一些机会。对于高收入、低风险的行业来说，信托收入是很好的选择。我们将于本周三9:45在纽约完成这项工作。

行动号召：哪位员工想参加以上活动，请直接告诉我。

非正式会议脚本还有第三种形式：迅速在名片背面或智能手机上写下简短的大纲。这是一位年轻银行家告诉我的方法。

有一年，我在伦敦开会，我们公司试图说服客户同我们合作。作为全场唯一的加拿大经销商，我们把这看作一个机会。我暂时离开会议室，利用休息时间构思了一个简短的介绍。我把要点记在一张名片背面，然后把大纲牢记于心。这样做没有白费功夫，公司和两位欧洲客户达成了合作。

> 我当时的观点是，我们是加拿大此行业中的佼佼者，我还给出了理由：①公司多年来积淀的实力非常雄厚；②公司目前的行业地位和世界影响力都处于领先地位；③公司客源稳定；④公司愿意给出价格上的优惠。而行动号召是：由于我们具备独特的优势，公司一定会为他们带来业务上的收益。

以上3个例子对应3种不同类型的会议的脚本。当你遇到需要发言的非正式会议时，可以参考本章内容，选择你需要的模板。无论选择哪个模板，切记发言中一定要有鲜明的观点和要点内容。

即兴发言

我们在会议上的许多发言都类似“即席”或“即兴”评论，例如你会被点名要求报告项目进展或回答问题。即兴发言成功的关键在于张口前用领导者演讲脚本模板整理好思绪。参加培训的一位女士抱怨说大多数人根本不听她在会上的发言。但经过反思，她意识到了自己直奔主题、语速过快、内容不集中等问题。现在，她在讲话前会认真整理好自己的观点，这在很大程度上提升了她表达自己想法的能力。

假设你正在开会，财务部门的一位同事问你：“我们这个季度的盈利情况如何？”不要惊慌，你可以稍作停顿，然后这样回答。

开场白：感谢你的提问。

观点：我们第四季度盈利状况良好。

框架：【此处不需要演讲框架】

第一点：本季度盈利同比上涨 5%。

第二点：成本保持稳定增长，每年上涨 1%。

重复观点：因此，本季度持续盈利。

行动号召：今年又是辉煌的一年。

本章给出的例子展现了多种模板使用方法。你使用模板的次数越多，无论你面对的是正式会议发言、非正式会议发言还是即兴发言，你对设计会议脚本就会越得心应手。出色的脚本能让你的发言自信、有条理，让会议室里每个人的注意力都集中在你身上。出色的脚本能让你给别人留下深刻的印象，让你的发言深入人心，鼓舞每一位听众。

如何领导女性员工

对于想要发展事业的人来说，会议是最重要的场合之一。在会上，人们发言或有人倾听，或无人倾听；发言者或影响巨大，或无足轻重；他们或展现自己思想领袖的地位，或掩盖自己的真正实力。无论是将脚本写出来还是直接在心里构思，都能让发言有很大改进。你可以通过以下做法帮助女性员工在会上坚定自信、条理清晰地发言。

- 认真聆听女性员工的演讲内容。不要因为她们的谈吐风格和你不同就对她们置之不理。女性对包容的追求可能让她们在演讲时走上一条“休闲之路”。

- 问问女性员工是否认为自己的发言有说服力。问问她们是否提出了自己的观点，又是否对此给出了理由。
- 观察女性员工能否一直坚持个人观点，还是会因为有反对的声音所以“压缩”了自己的想法。如果她们在表达观点时不够坚定，作为领导者，你应该帮助她们一步一步证明观点，从而坚定自己的想法。同时要告诉会议室里的所有人她的发言确实很有意义。
- 想一想女性员工跟你汇报项目进展时，是否有提到她们对项目的个人看法或远见。她们有没有跟你汇报细节来证明她们的确在认真努力地工作？
- 如果你发现女性员工在上述任何方面都需要培训，可以让她们阅读本章内容，然后活学活用。同时，在实际工作中，如果发现她们有所改变或进步，那么你要定期给她们反馈并予以适当鼓励。
- 当女性员工某次发言出色或在此方面有明显进步时，你要表现出认同她们的观点，即使有时你们的想法可能并不一致，你也要表示认同。

CHAPTER 13

第十三章

职业谈话脚本准备

与演员马歇尔·贝尔（Marshall Bell）共进午餐时的一次职业谈话对我的职业生涯起到了决定性作用。当时马歇尔在多伦多培训我们银行的管理层人员，教他们如何发表演讲。作为公司的演讲撰稿人，我选了一家别致的海鲜餐厅接待他。我本可以轻轻松松坐下来，听马歇尔给我讲他的故事，例如他是如何拍摄《伴我同行》（*Stand by Me*）、《龙兄鼠弟》（*Twins*）、《全面回忆》（*Total Recall*）、《英雄本诈》（*Diggstown*）和《星河战队》（*Starship Troopers*）的。但由于我当时正在考虑自己创立一家专门从事管理层人员演讲培训的公司，而他给银行管理层做的培训引起了我极大的兴趣，所以我准备向他求教。我听他讲话时，脑海中突然萌生了一个创意：我们可以建立一支优秀的培训团队。于是我说："我们为什么不创立一家公司？我来教管理人员写出精彩的演讲脚本，你来教他们怎样发表演讲。"我在一张餐巾纸上草拟了一份商业计划。那是我第一次想到创立汉弗莱集团。直到今天，我们的公司仍在培训我那天在午餐时设想的内容——如何设计出色的演讲脚本并发表精彩的演讲。

这个故事告诉我们，想在事业上有一番成就，一定要有远见，把和别人的每一次谈话都视作探索可能的机会。那天与马歇尔共进午餐时，我想自主创业的心呼之欲出，这才抓住了这次绝佳的机会。

社交谈话脚本

社交活动是广泛结交合作伙伴和发展事业的绝佳场所。凯瑟琳·加博尔是一家国际公司的人力资源高级副总裁，她跟我讲了自己的职业生涯是如何在一次早餐聚会上发生转折的。

格雷是一家国际猎头公司的发言人兼总经理，他在一次人力资源社交活动上让大家分享自己的目标。我开始在脑海里组织语言，我本打算说："我现在正站在自己职业生涯的转折点上，我打算辞职，老实说，我对非洲和野生动物很感兴趣。"但是反思之后，我意识到这样的发言对我的事业没有任何帮助。这样的好机会放在眼前，我必须抓住！轮到我时，我说："我叫凯瑟琳·加博尔，目前是一名人事总监。我认为我可以像格雷一样进入一家猎头公司，做一名高管人员。我之所以对这个领域感兴趣，有以下几个原因。第一，我起初是做销售的，我希望能在猎头高管的职位上发挥自己这一商业技能。第二，我掌握了人才管理方面的专业知识，这对做猎头来说至关重要。第三，招聘一直是我的强项，我总能挑选出一流人才。可以说，我入职以来做的一切工作都是在为成为高级猎头做准备。"

发言结束后，格雷向凯瑟琳直言自己很欣赏她的活力、激情和能力，并表示自己的公司在她所在的城市正有一个职位空缺。格雷还作为引荐人将她介绍给自己的同事们。两个月的试用期结束后，凯瑟琳被正式录用了。她终于得到了这份"梦寐以求的工作"。

凯瑟琳成功的关键就是运用了领导者演讲脚本。她的开场白专业明了（"我叫凯瑟琳·加博尔，目前是一名人事总监"）；观点清晰直接（"我认为我可以像格雷一样进入一家猎头公司，做一名高管人员"）；主体部分充分证明了观点（列出三条理由说明自己已经准备好投入新的工作）；最后的行动号召也十分有力（"我入职以来做的一切工作都是在为成为高级猎头做准备"）。她和格雷后续的谈话也为争取这次机会画上了完美的句号。

与引荐人谈话的脚本

直接与引荐人或有影响力的高管交谈也是发展事业的一个重要途径。这些位高权重的人能对你的事业发展起到巨大作用，所以不要轻视与他们的谈话。比如，你不会在咖啡店和一位潜在引荐人随意地说："我正在找工作，希望得到一些建议。你有什么想法吗？"这样太不正式了，会显得你很不专业。接近引荐人的正确方法分两步：第一步，安排一次会面；第二步，在谈话中积极发言。我们以年轻女士亚历克西丝的故事为例进行说明。

第一步：亚历克西丝成功安排了会面。

开场白： 汤姆，很高兴见到您。我一直想问问您后面几周是否有时间和我坐下来谈一谈。

主题： 我想和您聊聊我接下来的职业规划。

观点：您是我的良师益友，我希望还有机会再次接受您的教导。

在得到肯定的回答后，亚历克西丝继续说……

行动号召：我会和您的助理确定会面时间。非常感谢，期待与您的会面。

第二步：亚历克西丝与汤姆会面

开场白：汤姆，非常感谢您能与我会面。我对自己下一步的职业规划想了很多，您的建议对我而言很重要。

主题：我非常希望在伦敦吉姆·凯奇的公司谋得一份工作。

观点：我认为这份工作能实现我的目标，而且我也能胜任这份工作。

框架：我之所以这么说是有这样几个原因。

第一点：这份工作能带给我国际工作经验。

第二点：这份工作能在我成为领导者的道路上助力。

第三点：我具备对方要求的公司财务方面的知识。

重复观点：这份工作真的非常吸引我。

行动号召：我想把握住这次机会。能烦请您把我推荐给吉姆吗？他一贯很重视您的建议。

为什么说这是一个成功的案例？

- 亚历克西丝先通过第一次谈话确定了与汤姆的会面。这样，汤姆会提前对她要说的内容主题有所了解，会对她提前告知谈话主题这一行为投去赞赏的目光。

- 亚历克西丝表现出自己对职业生涯的规划进行了慎重、长远的考虑。
- 亚历克西丝通过精心准备脚本来自我推销。
- 亚历克西丝对公司政治有相当高的悟性——她表现出对汤姆建议的尊重，还表明吉姆也十分重视汤姆的想法。
- 亚历克西丝表现得自信、专业且有实力。
- 亚历克西丝在最后请求汤姆做她的推荐人。在这里要注意的是，她是以询问的方式请求汤姆推荐自己。这听起来是在试探，但实际上，通过这样的“自我推销”做结尾非常完美。

以上实例完美诠释了通过引荐人登上新的职业舞台的谈话脚本。

与雇主谈话的脚本

引荐人可以帮你敲开新工作的大门，但只有看到你能力的雇主才能为你提供工作。因此，面试前一定要充分准备，设计一份演讲脚本。面试的时候永远不要说：“我不确定自己是不是这个职位的最佳候选人，但我符合贵公司提出的一些要求。”如果你想得到这份工作，就一定要全力以赴地推销自己。在面试前务必提前想好自己能胜任这份工作的理由并把它们熟记于心。你可以参考下面的回答模板。描述情况（第一点）就是先讲讲你对这份工作的理解，而回答部分（第二点）要解释你为什么能胜任。

开场白：感谢各位给我这次面试机会。

主题：我非常开心能成为这个职位的候选人之一。

观点：我对这份工作抱有很大兴趣，也相信自己就是你们要找的能胜任这份工作的人。

框架：【此处不需要讲框架，因为观点能体现框架】

第一点：我之所以对这份工作感兴趣有以下几点原因。

- 贵行给我留下的印象良好且深刻。
- 我了解到你们正在向零售银行转型，向大众提供新业务。
- 该职位影响范围巨大。

第二点：我相信自己能胜任这份工作。

- 我个人的价值观与贵行企业文化相符。
- 我参与过与贵行向零售银行转型类似的项目。
- 该职位要求应聘人具备一定的领导能力，我认为自己是一位优秀的领导者。

重复观点：我认为自己非常符合该职位的要求。

行动号召：我非常期待能加入贵行，长期为银行做出自己的贡献。接下来我还需要做什么？

参加工作面试时，你可以参考上述例子，设计你的脚本。虽然内容不同，但是结构类似。这样的结构能清楚展现你为何对应聘的职位感兴趣，还能教你怎样发言才能达到最佳效果。

与领导谈话的脚本

职业生涯中一些最为重要的谈话是你与领导之间的交谈。你的领导能否支持你的想法，决定权其实在你手上。正因如此，此类谈话的发起者必须是你。特蕾莎是一家国际物流公司的区域财务经理，她就是这样做的。她抢占先机，向领导汇报了一个非常有潜力的机会。虽然领导一开始持怀疑态度，但她坚持自己的看法。下面的例子展现了她说服领导的过程。

【特蕾莎】

开场白：我听说公司可能在美国增设一个财务总监的位置。

主题：我想申请这个职位。

观点：我相信自己能胜任。

【领导】

我觉得你还没准备好。

【特蕾莎】

您能告诉我为什么吗?

领导给出了自己的理由

【特蕾莎】

开场白：好吧，那我们来看看这个职位到底到有什么要求。

个人观点：我相信您一定了解我是符合这些要求的。

她对财务总监的工作进行了详述

第一点：我有多年工作经验，符合应聘条件。

第二点：我有财务工作经验。

第三点：我有相关资格证书，符合应聘条件。

第四点：我有良好的人际关系处理能力，这在我现在的工作中有所体现。

重复观点：这些都说明我能够胜任这一职位，您认为呢？

【领导】

行动号召：我知道你的理由了。虽然不想放你走，但是我觉得你可以一试，我支持你。

通过使用领导者演讲脚本模板，特蕾莎清晰地表达了自己的观点并给出理由加以证明。领导者反对她时，她原本会生气、沮丧或气馁，但是她没有，反而有理有据地展示了自己的能力。最终，领导被她说服了，相信她能胜任新的职位。这段对话说明，如果你的脚本足够出色，你在面对他人提问或质疑时就能明确说出自己的观点，这也意味着，在谈话中，你的脚本就是你坚实的后盾。

本章讨论了如何开启谈话并通过精彩的表现推动事业发展。能否获得工作或晋升机会取决于你能否写出成功的脚本以及对于自己的发展方向是否清楚。不要觉得你的公司了解你的一切，会为你规划好职业发展方向。做职业规划是你自己的工作。因此，你需要思考自己想做什么，在与引荐人、雇主和领导者提起你的计划时做足准备。如果能这样做，你就有机会离舞台更进一步。

如何领导女性员工

在职业生涯中充分表达个人观点对女性员工来说至关重要。作为领导，你可以从以下几个方面为她们指点方向、给予鼓励。

- 为女性员工制订“可视计划”。提前和女性员工谈谈她们如何才能在公司内部充分地表现自己。
- 在公司内部为女性员工创造和高层交流的机会。例如，你可以将女性员工聚在一起组织一个会谈，然后邀请其他部门主管、你的上司或公司 CEO 参与这次会谈。
- 和你认为在职业发展上有上升潜力的女性员工一对一面谈。和她们聊聊职业目标，帮她们厘清下一步该怎么做、未来有哪些可能性。让她们知道你一直是她们坚强的后盾。
- 当升职机会来临时，培训女性员工的面试技巧，教她们进行自我销售，引导她们清晰、有力地表达自己的观点。
- 永远不要阻碍女性员工的职业发展。对于有潜力的女性，你应当全力支持，让她们“放心去闯”，必要时利用你的影响力引荐她们。
- 记住：女性常常感到自己被排斥、被忽视，因此，相对于男性员工，她们更需要你的支持。

CHAPTER 14

第十四章

电梯间谈话脚本准备

西蒙娜是一位总经理，她跟我说自己在“登上舞台”培训项目中学到的最重要的内容是如何应对电梯间谈话。她解释说：“如果你在电梯里碰到公司领导，不要只说：‘您觉得今天天气如何？’而要抓住机会说：‘我们部门今年收获颇丰。收入增加了，利润也提高了，我们打了好几场胜仗。’”同时利用这些谈话向同事推销自己。如果你在大公司工作，这一点更加重要。西蒙娜正是看到了这种简短、即兴对话的力量，便通过精练的演讲脚本提高了她和她的团队在领导心中的地位。我们应该认识到“小舞台”也有大机会。尽管我们常说的是“电梯间谈话”，但其实这种谈话无处不在，走廊、咖啡间、停车场或任何可以随意聊天的地方都会发生这种谈话。

有效利用这些时刻也是一项职场技巧。Catalyst 在其名为“公司的不成文规定”的研究中，“对事业最有帮助的规则”主要有两项：①在公司内外都建立人际关系网；②寻找自己的存在感。[1] 电梯间谈话在这两方面都会对你有一定帮助。你甚至能让不认识的人看到你的存在，而电梯间是你实现这一切的绝佳场所。你还能利用这些短时间的交谈建立人际关系。想成功做到这些，你需要提前整理思绪，把握每一次机会，然后使用领导者演讲脚本模板。

提前整理思绪

电梯门打开前，你就要做好准备。你能为电梯间谈话做的最佳准备就是在头脑中存储一些关键的有效信息，这些信息可以是你的主要业绩、客户项目、管理能力和个人成就等。如果毫无准备，即使遇到“贵人”，你也无话可说，所以你一定要把这些积极信息储存在你的大脑中。在本章开篇的故事中，总经理并不是突然想到自己的团队收入增加、利润攀升、取得了多次胜利等，这都是她提前思考过的，所以她才能在需要这些信息的时候脱口而出。

整理好思绪后，面对机会，你更要善于使用这些有效信息。即使你那天过得并不是很如意，当有人问你“今天过得如何”时，千万不要说“糟透”，相反，你要告诉自己：“我能向刚走进电梯的这个人传达一些重要信息。”如果能这样想，你的谈话将变得非常有效。

观察谈话地点

观察诸如电梯间和走廊之类的谈话地点时，有三点需要注意。第一，询问自己当时的场合是否适合聊天。如果电梯里非常拥挤或者你想说的话不宜被其他人听到时，那就不是最佳场合，这时，只需要简单打个招呼或者微笑一下就好了。第二，观察你的目标人物可否接近。对方的肢体语言表现出的是“不要靠近”还是“欢迎打扰”？如果对方双臂抱在胸前还低着头，那最好还是改天再聊；但如果对方看你的眼神十分温和，那就抓住机会与之交谈。第三，观察摆在眼前的机会是什么样的机会。这场谈话能如何推进你的事业？读懂机会，才能说明你准备好了。

创作脚本

当然，有些时候，你只想在电梯里同遇到的认识的人说一声“嗨”。但如果你想了解更多情况，为你的事业发展推波助澜，就要依靠领导者演讲脚本的强大结构了。

电梯虽小，却能给你提供不少机会，让你提升个人形象，给你提供和公司各层级的人交谈的机会，而他们之中的很多人可能是你在其他场合见不到的。如果你在准备正式或非正式脚本时经常用到这个模板，它就能在诸如电梯间这样的即兴场合成为你习惯性的东西。下面提供四种通过电梯间谈话影响他人的方法。

分享成功

电梯是分享成功的好地方。在这里你不需要夸大业绩，分享公司的好消息即可。假设一位同事走进电梯后问你：“客户会议开得怎么样？”你可以这样回答。

> **开场白：**会议很顺利。
>
> **主题：**我们谈成了这笔生意。
>
> **观点：**对于这次突破我很开心……
>
> **框架：**有以下几个理由。
>
> **第一点：**我们将成为这名客户 IT 服务的独家提供者。
>
> **第二点：**这笔生意能让公司的收入翻三番。
>
> **第三点：**最重要的是，我们可以用这种新的合作模式与其他客户合作。
>
> **重复观点：**这真是令人激动的一次胜利。

行动号召：整个团队都干劲十足，我们打算下班一起去庆祝一下。

注意这个脚本非常简短，但有强烈的个人观点以及三条理由，而且整个脚本给人一种振奋人心的感觉。但是，如果你的同事没有询问会议的相关情况，你可以对开场白稍加修改："我刚和咱们的客户 ××× 开完会……"

除了团队成功，你不妨与大家分享个人成功。如果你刚获得了某个奖项、升了职或有其他好消息，不要因为自我怀疑而对此遮遮掩掩。记得，要主动与别人分享你成功的喜悦。也许你觉得这是在吹嘘自己，但在别人听来，你是一位自信的领导者。

讨论计划

你可以在电梯间讨论商业计划。毕马威多元化经理莉兹·雷诺兹（Liz Reynolds）在一次聚会上兴奋地和我说，她在电梯里与公司 CEO 闲聊时分享了自己的成功经历。她是这样说的。

> 我发现自己坐电梯上 47 楼的时候经常遇到公司 CEO。参加"登上舞台"培训项目以前，在电梯上的两三分钟会让我感到十分紧张，我要么保持沉默，要么和他聊聊天气。现在，我会在 CEO 走向电梯的时候就想好要说的话。我利用这个机会强调自己为公司带来的直接收益。比如，我们公司最近收到了来自客户的意见，他们十分关注新加拿大人的就业环境。我上一次和 CEO 在电梯里交谈时，告诉他，我帮项目团队给社区组织做了支持新移民的项目介绍。如果我不说，他永远不会知

道我为公司牵了如此重要的线。我的目标是给他留下非常自信的印象，我要让他知道我和我的部门对公司来说很重要。

无论你在着手做什么样的商业项目，你都应该在谈话时说明你的成绩，这样其他人会认为你非常自信而且为了项目殚精竭虑。事实上，以这种方式建立个人形象在职业生涯中至关重要。

更新项目进展

在电梯间谈话时，你可以向别人更新项目的进展。如果你的领导在电梯或走廊上把你拦住问："你今天能给我汇报一下数据吗？"你的开场白可以是："好的，没问题。"观点是："我在控制预算方面取得了较大进展。"接着，是框架。在简短的交谈中，你不必说"第一""第二""第三"，但你要有理有据："我从部门里每一个人那里收集了数据，然后整理了所有数据，最后得出一个总额，您一定会很高兴，因为数据显示我们的成本大幅度降低了。"一定不要忘记结尾的行动号召："我下午两点去找您，到时我们可以一起分析一下这些结果。"顺利的话，领导可能当场给出完美回应。事实上，当有人问你："××× 项目进展如何？"你可以想想自己已经完成了什么，因为这就是你的观点。你的谈话框架就是已经完成的工作和完成工作的方法。

建立人际关系

电梯间是一个介绍自己、建立人际关系的绝佳场所。有时我们会在电梯里遇到一些我们认识，但对方不认识我们的人。如果你希望他们也能认识你，就要抓住他们走进电梯后的 30 秒来介绍自己。领导者演讲脚本就是介绍自己的绝佳模板。

假设你在电梯里遇到了另一个部门的高管，他一直都很支持你所在的部门。你可以说："您好，我叫琳达·文斯，是私人银行业务部门的经理，您介绍给我们的客户都非常棒，他们让我们的业务额较之前翻了两倍之多。我非常乐意与您一聚，希望深化我们之间的合作关系。"这段话中虽然只有三个元素：开场白、观点和行动号召，但在这种场合下已经足够了。

假设现在你要利用电梯上升65层楼的时间做一个全面的自我介绍，你会怎么做？在下面的例子中，一位新入职的高管助理是这样向公司CEO介绍自己的。

开场白：您好，蒙特克莱尔先生（伸出手）。

主题：我叫瓦妮莎·卡特莱特，是CFO的高级助理。

观点：我刚入职三个月，非常荣幸能加入公司。

第一点：公司充满活力，企业文化优秀。

第二点：我喜欢与公司高管一起工作，他们让我觉得自己是受欢迎的。

行动号召：非常期待您下周的演讲。

通过谈话，这位新职员在自己的事业上向前迈了一步。她获得了CEO的关注，还表达了自己愿为他效劳的激动之情。CEO下次有事找CFO时自然会再次注意到她，并同她讲话，他也会记住她的自信和奉献精神。那么，如果某一天CEO需要一名高级助理，他会第一个想到谁呢？

电梯和类似场合中其实有许多"登上舞台"的机会，也许只是小舞台，却会让别人对你印象深刻。如果你能抓住机会说出本章提到的任何一个脚本，就能充分利用这个机会。你只需要花30秒到1分钟的时间讲讲商业计划或项目进展，就能建立人际关系、安排下一次的会面或者提升个人形象。因此，试着利用电梯间谈话提升自己吧。

如何领导女性员工

一些最为重要的谈话往往发生在非正式场合，例如电梯、走廊和咖啡间。作为一名睿智的领导者，你可以把这些时刻当作“教学时间”，具体做法如下。

- 在电梯、走廊或其他非正式场合中，同你团队的女性员工以及其他人交谈。
- 不要闲聊，问女性员工一些工作中的实质性问题，即能让她们通过回答分享自己成功的故事或商业计划的问题。
- 认可同你谈话的女性员工的成就。
- 谈话结尾时提出行动号召：“有时间我们一起喝杯咖啡吧。”“我想和你谈谈你能在这个项目中担任的职务。”“干得漂亮，继续保持。”

03

PART

第三部分

释放声音的力量

CHAPTER 15
第十五章
从调整气息开始

声音是传达领导力的重要载体。任何一位领导者登上舞台，都需要通过释放声音的力量吸引听众。一个成功的演讲者说话声音洪亮、清晰有力。因为她知道，如果听众听得费力，她的影响力必然下降；她也知道，如果自己音调平平，让听众感到无聊，影响力也必然会下降；同样，如果她的音色使听众分心，比如声音太尖、听起来像少女、在描述自己想法时提高了句末音调或者声音太过温柔……都会让人听了以后觉得她不像一位真正的领导者，也会降低她的影响力。也就是说，演讲者要用声音上的技巧吸引听众。本书第三部分将帮助你从气息、音量、可信度、节奏、表达能力和吐字发音六个方面强化你的领导能力。

下面，我们来看看如何通过调节天生的能量——气息，释放声音的力量。

气息为什么如此重要

首先，我们必须认识到呼吸越深，就越有可能影响听众。呼吸密切影响人体发声，你可以试试屏住呼吸然后发声——这根本做不到。因为呼吸和发声之间的联系十分紧密。如果你希望声音足够有力、深沉来表达你的满腔激情，你就必须调整好气息。事实上，演讲真正呈现给听众的第一点就是气息。

为什么我们调整不好气息

也许我们不知道，想顺畅地呼吸并不容易。这是由于我们的呼吸受多方影响和阻碍，所以有时即使深呼吸后，我们的声音也并不是很洪亮、饱满。

造成呼吸阻碍的因素有很多。首先，人们经常教导女性应当收腹，因为这样使形体看起来更美观，但这样做其实会阻碍我们的呼吸。我们会在培训课上问学员们："你想要说话掷地有声还是身材看起来苗条一点？"事实证明，这对有些人来说实在难以抉择。

除此之外，还有许多因素影响我们找到自己稳定的气息。如果你紧张、恐惧，你说话就会底气不足；如果你长时间不动，与呼吸相关的肌肉就会因为太久不动而变得迟钝；摄入过多咖啡因会加速呼吸系统循环，也会对呼吸中枢造成危害……总之，肾上腺素分泌过多会影响呼吸，不良体态会影响呼吸，思想和情绪也会影响呼吸。

仔细体会和观察一下，你不难发现，如果我们发言时信心不足，说话就会没底气。如果我们经过某人时被吓了一跳，我们打招呼时会呼吸短促。但如果我们遇到了好朋友，会先深吸一口气，然后热情地说："很高兴见到你。"因此，在很多情况下，我们其实并没有调整好自己的气息来自如地展现领导力。曾有一位参加我们研讨会的女士在登台演讲时由于太过紧张，一个字都说不出口，后来，在教练的指导下，她调整呼吸，慢慢开始与在座的每一位听众进行眼神交流。整个过程中，她一直在发抖，教练告诉她："什么都不用说，保持匀速呼吸就好。"渐渐地，她放松了下来，呼吸也越来越深。当她和第七个人，也就是最后一个人进行眼神交流时，她的目光已经变得坚定自信了，她甚至露出了微笑，这有效拉近了自己与听众之间的距离。她说这次练习让她明白演讲根本没什么可怕的，因为顺畅的呼吸能有效驱散心中的焦虑。

如何调整气息

有许多方法可以帮助你调整气息，从而让你拥有强大、令人信服的声音。你可以从下面的练习开始，区分浅呼吸与深呼吸的区别。

深呼吸，保持气息充满胸腔，然后收腹。保持收腹，记住这种感觉。继续收腹，此时你的感觉和几个世纪前穿紧身胸衣的女人的感觉一样。然后长呼一口气，放松腹部肌肉，让气息充满整个身体。通过本练习，你能体会到放松、舒畅的呼吸。

学会享受这种放松的深呼吸，感受它是如何让身体舒展的。需要注意的是，当你感觉自己呼吸紧张，仿佛穿了一件紧身衣时，一定要试着弄清楚是什么导致了这种情况。

当你演讲和作报告时，可以在脚本或者演讲笔记中加一些标记来提醒自己调整呼吸。这些标记应当放在每一段开头和重要的句子之间。发言时深呼吸能营造一种一切尽在掌控的感觉，还会让听众觉得你的发言充满力量且目的明确。同时，深呼吸产生的停顿还能更好地塑造你坚定自信的形象。

为保证呼吸顺畅、气息平稳，要加强锻炼。慢跑、远距离散步、跳舞、冥想、瑜伽等运动不仅能改善气息，也对身体有益。玛吉·哈克拉克是我们公司在墨西哥城举行研讨会时的教练。她有一位学员叫特蕾莎，总是一口气讲个不停，完全不调整呼吸，她的讲话听上去像是在生气。为了解释原因，玛吉让特蕾莎绕着大厅一直跑，直到跑得上气不接下气才能停下来。特蕾莎照做了，当她跑完回来以后，喘着气哈哈大笑。因为她明白自己应该调整气息了。不久之后，特蕾莎再次演讲时，声音比之前更温暖，也更有活力，因为她学会了在说话时调整气息。

另一个调整气息的方法是站直身体，让胸腔自由呼吸，放松腹部肌肉。这个姿势能让你呼吸更加顺畅。

除此之外，练习深呼吸。以下两个练习均可帮助你调整呼吸。

练习1

闭上双眼，感受自己身体的放松程度，感受你的呼吸在身体的哪个部位。现在，想象一种你最喜欢的花，花香浓郁。想象这朵花就摆在你面前，尽你所能在每次吸气时吸入花香，让自己沉浸其中，充分享受。现在注意感受：你体内的呼吸是否改变了？呼吸是否来自身体更深处？感受自己身体的放松程度，体会你想要的呼吸方式。

练习2

首先浅呼吸。挺胸抬头，吸一小口气。

其次，利用胸腔呼吸：双手放在胸前，手背朝外，尽量不要耸肩。开始深呼吸，尽量吸气，双手分开。

最后，让气息下沉至丹田。

随着练习次数的增加，深呼吸会变得十分自然。你在众人面前演讲时气息也会变得平稳。

热身

讲话前要先调整气息。如果场地允许，不妨做一些运动，例如深度屈膝运动和开合跳。有时公司教练也会在课堂上让学员们做运动，因为运动能帮助她们调整气息，带来能量和活力，让她们魅力大增。

在等待发言的时候，你可以利用嗅觉练习来调整气息。想象你最喜欢的花或者香料就在你面前，然后深深地吸气，仿佛要把这种特殊的香味吸到鼻子里。没人知道你沉浸在自己的梦幻花园，徜徉在香料的海洋里。总之，在你发言之前，保持深呼吸的状态。

调整气息能让发言更加稳定、让声音听上去更具可信度，没有调整气息的声音苍白无力，是无法打动人的。如果你的气息带动声音给听众带来冲击，足以说明你的声音坚定有力，而坚定有力的声音恰恰能反映你出色的领导力。

如何领导女性员工

声音是展现领导能力的有力武器。你的女性员工也需要用强大有力的声音来吸引听众的注意力。女性在这方面面临的挑战尤其严峻。作为领导者，你可以从以下几个方面帮助女性员工，让她们拥有更适合演讲的声音。

- 注意聆听团队成员，尤其是女性成员发言时的声音。
- 一边听一边问自己：“她们是否展现出了我希望在领导者身上看到的品质？”“我有没有听到她们声音中的自信、力量、温暖、能量和表现力？”
- 你可以参考本书第三部分各章最后的“如何领导女性员工”板块，帮助女性员工强化“声音”这一领导力武器。

CHAPTER 16

第十六章

充分发挥声音的力量

一位叫作布兰达的年轻女士在参加过我们的研讨会后非常兴奋，因为她知道了该如何释放自己声音的力量。她和丈夫讲述了自己在研讨会上做的一项练习，在这个练习中，每一位参与者都要站直，深呼吸，然后大声、清晰地说出自己的名字。在布兰达和丈夫聊天时，她六岁的双胞胎女儿听到了他们的谈话，她们突然跑来站在布兰达和丈夫面前，大声、清晰地说出了自己的名字！

“我以前从没听过她们如此有力量地说话。”布兰达说，“她们说自己的名字时是那么喜悦、那么坚定。”

她骄傲地笑了，对丈夫说：“我希望她们能一直保持这种声音。”

但并不是所有女孩都会受到这样的鼓励。一位参加研讨会的女士坦白说：“我女儿三岁了，叫贾丝明，她说话嗓门很大，特别自信。可我总是说，‘嘘——声音小一点’，现在我才意识到我在把她往失败的道路上推。”在我们成长的过程中，有许多因素会影响我们说话的声音，但是，如果我们想像出色、自信的领导者那样说话，我们就必须知道如何充分发挥声音的力量。

女性为何会失去声音的力量

女性会大声讲话吗？当然会！当我们在体育赛事上欢呼、喊家人吃晚餐、看到马路对面的朋友时也会大喊，那时我们的嗓门绝对不小。如果我们气沉丹田，调整气息，让气息振动声带，我们的声音必然很有力量。因此，如果你希望开会时听众能认真地听你讲话，你就要拿出喊朋友时的声音。

但大多数时间，女性在董事会上都表现得很安静。即便发言，我们也会先举手说："对不起。"但好像根本没人听我们讲话，我们也不愿意大声讲话。事实上，许多女性都认为自己平时说话的声音要比自己真实的声音温柔、低沉许多。我们在研讨会上做培训时，会让女性询问听众："大家能听清我的声音吗？"

"听不清！"有人回答。

"现在呢？"

"还是不行！"

"现在能听清了吗？"

"可以了。"

我们之所以给她们这样的反馈是因为她们以为的自己说话音量和听众听到的音量是完全不同的。为了帮助她们进一步理解这种差异，教练组织了另外一个练习：她要求每位女性从 1 数到 5，并且声音要越来越大。每一位参与者都照做了，在数到 5 的时候声音最为洪亮。接着，教练问其他学员哪个数字听起来最舒服。很显然，是 5。 大多数参加练习的人都大吃一惊，因为这不是她们平时讲话的音量。她们平时讲话要温柔、低沉得多，差不多是数 1 时的音量，但她们自己觉得温柔的声音已经足够响亮了。

女性柔声细语的原因有许多，最早的影响是我们小时候接受的教育。“嘘”是让我们安静的最常用的词语。而妈妈们正是最早让我们学着温柔的人。朵拉参加过我们的培训，她 50 多岁，是一位非常有条理的女士。当时她刚加入市议会，非常渴望发掘自己真正的声音。她说话时声音很虚，别人几乎听不见。在朵拉被要求数出 5 后再用 10 倍的音量喊出数字，她的声音听上去自信多了，她整个人也显得更加成熟老练。但她却说：“哦，我听起来很蛮横吧。我仿佛听见我妈妈在教导我。我这么说话她不会喜欢的，她肯定会说我太蛮横了。”朵拉的女儿凯西也一起参加了培训。这时，凯西大声说：“妈，您不觉得是时候别再让外婆干涉您的生活了吗？”朵拉抬起头望着天空，对已故的母亲说：“对不起，妈妈。但这才是真正的我。”

在职场上，人们经常告诉女性应当轻声说话。一位女士透露说：“我老板跟我说，我说话声音越细、越轻，我在公司升职的机会就越大。此外，如今办公空间都是开放、共享的，这也要求我们——无论男女——说话声音都要低一些、轻一些。因此，为了防止打扰他人，我在办公室可能一整天都轻声细语。平时轻声细语惯了，我很难在开会时或在董事会上一下子转换过来。你也可能在自己的小隔间里开电话会议。”

说话轻声细语的最后一个原因是我们自己。女性不愿意说任何带有冒犯含义的话。所以在通常情况下，即便我们讲的信息很重要，我们的声音也会十分安静柔和。因为我们希望人们要么听不见我们的发言，要么由于我们轻声细语而表现更加积极。一位女士说自己过去向员工通知相关事宜时总是这样说：“如果你们不介意，我希望你们能……”那时她声音很小，而且语气满含歉意。但是现在，她说："我说话比以前坚定自信多了。"

上文提及的原因都会削弱我们声音的力量，导致我们说话声音比自己认为的要"温柔"得多。不幸的是，"轻声细语"并不适合领导者。如果人们听你讲话很费力，他们往往会放弃，对你的言论置若罔闻。因为在他们看来，连演讲都如此无力的人，不可能成为出色的领导者。要想让人们认真地听你讲话，就要加强声音的力量。

如何找回声音的力量

以下几种方法可以让你找回自己的声音并将声音的力量释放出来，你只需要重塑心态，然后跟着下面的练习做。

要有"希望自己被倾听"的强烈渴望。告诉自己，你有能力让所有人听你讲话。音量的大小归根结底还是取决于你想被人们听到的欲望是否足够强烈。如果你下定决心要让人们能轻松、明白地听到你的发言，你就会不自觉地提高嗓门。成功人士都明白这个道理，也会有意识地做到这一点。琼是一位银行投资家，她和我说："我经常和一群男性在一起工作，所以对于女性应该更自信、更威严地大声说话深有体会。用'闺密聊天'的音量根本无法引起男性的注意，所以我对自己说：'好吧。我必须大声发言，但不能大喊大叫，更不能因此惹恼我身边坐着的人——不能让他们觉得我居高临下似的。'"

如果你的目标足够坚定，你就不会让任何事情阻碍自己。辛迪是一位物流经理，她说："有一次，我代表我们部门在众多高管面前发言，突然，会议室外面的制冰机开始运转，事情变得糟糕起来。不仅如此，由于我们公司离一处建筑工地很近，而且我说话时还有一辆消防车呼啸而过，起初，我在噪声中根本没法说话，但后来，我提高了嗓音继续发言，毫不在意自己是不是说话声音太大。”

但是我们也要注意，**在提升音量的同时不要发出刺耳的声音**。有时候，女性在大声讲话时会提高音调，以至于听上去咄咄逼人，非常刺耳。一位培训项目参与者解释说：“我平时说话嗓门就大，而且声音充满活力，但我发现，随着自己的音调越来越高，表达效果反倒不好。嗓音太尖让我听起来很不自信。”并不是只有她一个人遇到过这种情况。玛格丽特·撒切尔曾经也受声音太尖这个问题的困扰。她是这样说的：“一个人想在下议院发言，他的声音就必须盖过一切嘈杂声。这对声音尖的人尤其困难，因为声音越大，音调也就越高。这对许多女性来说都是个很明显的问题。因此，人们必须学会正确发声而不是尖叫。”[1]撒切尔后来接受了专门的培训来压低自己的嗓音，让别人听到自己的声音时更有共鸣。[2]因此，如果你大声说话时声音很尖，听起来咄咄逼人，那么你应该考虑接受一些培训。你还可以把自己说话的声音录下来，听听看是不是音调太高了，如果是，就主动改正或者参加一些发声培训。

想找回声音的力量，还有很重要的一步就是**接受自己更有力量的声音**。有些人会劝你不要改变自己的声音——朋友、同事、丈夫和老板可能都更喜欢你原来的声音，因为充满力量的声音很有可能对别人造成威胁。我们注意到，研讨会上的两名男士本来对一位女士非常友善，但在教练建议这位女士声音再大一些、再坚定一些之后，两位男士立马对她有了防范，还说：“哦，你不知道杰西卡，她一进来就获得了大家的认可。”“好吧。”我们的教练说，“你们已经和她共事 12 年了，是了解她的，你们就像她的大哥哥一样。你们总是说：‘别逼杰西卡，我们觉得她现在这样已经很好了。'可是你们有没有想过，如果是杰西卡自己想进步呢？如果杰西卡要向陌生人证明自己呢？她需要更有力量的声音。"这时，杰西卡走上前，对同事提出的建议表示感谢，然后说："我想要增强声音的力量，让别人听到我声音中的自信并因此尊重我。"

你需要通过练习来释放声音的力量。你已经有了"硬件设备"，现在需要做的就是充分利用它来保持力量。下面的练习能帮助你探索自己真正的声音。如果你想通过声音传达自己的领导力，就要在说话的时候让声音的振动通过你的身体与听众产生共鸣。在会上、电话里或者任何场合中，只有完全释放声音的力量，你才能让别人认真听你讲话。尽情释放你声音的力量吧，你完全可以做到坚定自信又不失优雅。深呼吸，然后大声说话吧。

练习 1：唱歌

你可以通过唱歌让自己适应大声讲话的习惯。如果你不好意思在别人面前唱歌，那么淋浴间是一个不错的选择，在这里，你不必担心被别人听到，而且，在这里唱歌效果很好——热水能让你全身放松，淋浴间的回声效果也很好。你获得了自信，声音也会更大。你可以尽情唱你常在车里播放的你最爱的歌手的歌。慢慢习惯声音振动传遍全身的感觉和此时的声音。一旦你习惯了自己真正的声音，你就会迫切希望别人也能听到你的发言。

练习 2：打哈欠

演员摩根·弗里曼（Morgan Freeman）的嗓音极具辨识度，他建议："如果你想改善自己的声音，不妨多打打哈欠。打哈欠能放松喉咙的肌肉和声带，让声音沉下来。”

练习 3：寻找声音的力量

想象自己刚过完疲惫的一天或刚结束漫长的旅行，终于能坐下来休息一下，享受宁静。先深深地吸一口气，再把气全部呼出来。反复深呼吸几次。接下来试着在呼气的时候加入声音，边呼气，边发声。我们会发现，这时的声音是伴随着呼气释放的。接着，在某次叹气时，闭上嘴巴，发出轻哼声。反复做这个练习。然后延长轻哼的时间，感受嘴唇的振动。这个练习可以将我们的呼吸和声音连接起来。

反复做以上练习，增强声音的力量，这样别人才会把你看作真正在发言的领导者。

如何领导女性员工

音量对于男性和女性领导者而言都是一个难题，但对于女性领导者来说尤其困难。有时候，女性讲话声音会比较大，而且音调高，但更多时候，她们说话柔声细语，让人听起来犹犹豫豫、缺乏自信。作为一名领导者，你应该做到如下几点，让自己团队中的女性员工找回声音的力量。

- 如果你认为自己团队中有女性员工说话声音应当大一些，不妨直接告诉她们。

- 问问女性员工是否意识到自己的声音“轻柔”或“太小了”，问问她们是否知道别人听不清她们说话，或者她们是否意识到自己比听起来更不自信。
- 建议女性员工采取一些办法，例如：①听自己讲话的录音；②在排练演讲时大声一些，时刻注意自己的声音；③开会期间把自己的音量调整到最佳状态。
- 你可以和女性员工一起练习，也可以支持她们参加声音培训。
- 如果女性员工讲话声音太大，告诉她，让她适当压低一下声音。

CHAPTER 17
第十七章
培养领导者口吻

芭芭拉快30岁了，虽然她说话的声音总是很欢快，可听到的人却神经紧张。她总是在微笑，表现得很开心，很热情，说话声音听起来要比她的真实年龄年轻10岁。在培训期间，教练问她有没有尝试过用其他声音讲话。

“嗯，没有。我一直都这样讲话！”

芭芭拉开始怀疑她的声音和她的活泼是否有问题。教练又问她有没有哪怕一次用别的声音讲过话。最初，她回答：“没有，这就是我一直以来讲话的方式。”但是在想了一会儿之后，她改口了。

“天呐，我想起来了！我以前在大学做辩论社社长时的声音和现在完全不同！”

教练继续刺激她说：“你那时候的声音是什么样啊？”

“声音更低沉。人们都说我是他们见过的最佳辩手。”

“那为什么现在会变成这样呢？”教练问。

“我也不知道。”芭芭拉停下来想了几秒后说，“哦，我知道了，是因为我的老板。我并不是要怪他或怎样。他是个不错的老板，只是自从我为他工作开始，也就是6年前我大学毕业时，他就告诉我应该多微笑。最开始的几个月，在我每天早上向他汇报工作时，他会走到我办公桌前问：‘微笑呢？’有时候他一天甚至会说两三次。”

芭芭拉继续说道："这就是他的行事风格。他有 3 个女儿，他会像对待女儿一样对待我。我知道他不喜欢办公室里有太强势的女性，所以我们微笑能让他感觉好一些。"

"你有没有想过这会对你的职业生涯造成多大的影响？"教练继续问道。

芭芭拉缓缓地点了点头。这个故事萦绕在每一位参与者的心头，大家都在思考自己的过去。在接下来两天的培训中，芭芭拉不再总是挂着笑容了。她像变了个人似的，声音松弛了不少，也比之前更低沉了。在一场关于政策的讨论中，芭芭拉在即兴发言中坚持了个人观点，我们仿佛看到了当年那个出色的辩手。她找回了自己真正的声音并且决定不再舍弃它们，哪怕她会因此离开原来的公司，她也觉得自己必须这么做。

这个故事多次提到我们的声音是如何受外界因素影响的。如果你想培养自己的领导者口吻，你可能需要经历芭芭拉所经历的一切——自我探索，然后坚定地做出改变。

大多数女性在声音上遇到的问题

我们的声音由真实的生活经历塑造而成，声音自然也成为别人辨识我们的要素之一。想要做一个好的领导者，你就要对自己的声音做好评估。我们不妨问问自己："我的口吻像一个领导者吗？我说话的声音能吸引听众并且得到他们信任吗？"如果你的答案都是"不"或者"不确定"，那么你就需要做出改变了。下面几类语气会让女性的声音听起来不自信，从而削弱她们的领导力。

- **娃娃音。**娃娃音比较尖细，会让演讲者听起来更幼稚，也更不自信。它无法显示女性作为领导者有深度的一面。一位参加过培训的副总身材娇小，面容年轻，因此，她觉得娃娃音最适合自己。但后来她意识到，随着年龄增长，职位升高，自己的声音却没有任何变化，以至于给她造成很多困扰。
- **啦啦队队长式语气。**声音太大反而会让人觉得演讲者能力不足。因为如果你觉得没人听你讲话，你就会不自觉地通过非常大的声音来引起听众注意。这种情况通常发生在女性对演讲话题非常有激情、寻求众人认可的时候。用这种方式说话时，说话过程中没有任何停顿，声音尖细，节奏很快，而且女性会一直保持微笑，以至于耗费很多能量，却缺乏领导者应有的庄重和坚定。
- **充满母性的语气。**这种语气可以是洪亮且极具掌控力的，也可以是安静却威严十足的。但也有个别人的声音过于温柔。一位参加培训的客户发言时声音很轻、很温柔。她觉得这是职业病，因为她是一名幼儿教师，她必须用充满母性的声音和孩子们讲话。问题在于，听她讲话时，为了听清，人们要往前探身，而且她的声音会让人觉得她很没有主见。
- **乐于助人的语气。**这种语气会将演讲者定位为下属的身份。一位参加培训的女士经历丰富，聪明过人，绝对可以独当一面。但是她说话的语气把她“拉低”了好几级。原来，她踏入职场的第一份工作是做秘书，从那以后，她的声音仿佛被“困在”了这个角色里，此后再也没有改变。
- **女朋友式语气。**这种语气会让声音听起来甜美、腼腆，可能会在办公室里引起他人注意，但是这并不是我们希望的引人注意的方式，因为它就像是不成体统的着装或刻意突出女性特征的服装。也许会带来暂时的好处，但并不适合专注于事业的女性。

- **和善的语气。**这是女性最擅长使用的语气之一，但不幸的是，和善意味着缺乏力量。在会议室里表现得和善会给人留下你在讨好别人的印象，最终将别人置于权力的中心，而你自己的领导力将不受重视。
- **感激的语气。**以这种语气说话的女性总觉得自己不配被倾听。一位女士解释道："怀有感激之情不但体现了坐在会议桌边的我们十分不自在，还表明我们不像其他人那样对正在讨论的事情感兴趣。"
- **充满男子气概的语气。**过去，女性为了融入男性主导的工作环境而被迫学习他们的说话风格，声音低沉且咄咄逼人，语调非常冷漠。在电影《穿普拉达的女王》(*The Devil Wears Prada*)中，演员梅丽尔·斯特里普(Meryl Streep)扮演的时尚杂志主编就是用这种语气说话的。如今，用这种语气说话的女性比过去少了许多。

如果你发现自己的声音符合以上任意一种情况，请想一想这种语气是否真的能帮助你成为真正的领导者。我们用这些声音说话时面对的应该是不同的听众，面对的是生活中的不同时刻，体现了我们扮演的不同角色。

当我们问一位习惯用乐于助人的语气讲话的女士能否用其他声音讲话，她毫不犹豫地以深沉、命令式的口吻回答："这样吗？这是我和我的孩子们说话时的语气，这样，他们就知道我是非常认真的了！"显然，对于母亲这一角色，她做得非常好。但是，要想让自己听起来像真正的领导者，我们就一定要使用一种有力量的声音。

真正的领导者口吻

那么到底怎样做，才能培养领导者口吻呢?

第一，要有勇气放弃上文提及的声音，试着培养自己真正的领导者口吻。要做到这一点确实需要勇气，因为你要改变自己的声音并且要加强声音的辨识度。2003 年，一位参加研讨会的女士骄傲地宣布："参加完研讨会，我说话更加自信了。我不再是那个呆坐不动，等别人告诉我该做什么的人了。"她还说："做到这一切很难。我必须时刻提醒自己不必总是用乐于助人的口吻和别人讲话。观察人们见识到全新的我之后的反应的确很有趣。"

第二，你的口吻要带有日常闲谈中那种温暖和乐观。如果你希望人们觉得你既平易近人又充满激情，那么不妨试着把声音中这些特质挖掘出来。如果你希望董事会成员认为你对某一观点有决心、有激情，就要确保你能把这些情感体现在声音中。对于领导者来说，在演讲中，通过声音将自己的感情自然地表达出来至关重要。

第三，要能用自己的语言表达想法，这也会让自己的领导者口吻更自然、更有力量。一位参加培训的女士在商场负责店铺出售，她在休息时间非常活跃，让其他参与者聚在自己身边，她给大家讲大家经常逛的大型商场是如何与数英里外的商场连在一起的。她语言生动，声音富有活力，所有的听众都听得聚精会神。但当她在培训上发表演讲时，她的语言变得十分生硬："商场"变成了"销售中心"，"数英里"变成了"平方英尺”和“出租面积”。不出意料，她的声音失去了活力，听众听得索然无味！经过培训，她学会了自己组织语言，她的演讲就更像休息时的非正式聊天了，听众们再次对她的讲话产生了兴趣。如果你想成为一名真正的领导者，你在演讲时必须符合自己一贯的口吻，也就是说，你要自己把控声音和语言。

第四，真正的领导者口吻还意味着说话时充满信念。在演讲时，不能只挑别人爱听的内容讲，这对于有着“讨好型人格”的女性来说是一个挑战。因此，你必须学会清楚地表达自己的理念。无论是历史上还是企业中，最伟大的领导者都会说出自己的信念。他们坚持己见，最终让下属知道他们苦苦坚守的到底是什么。

第五，培养真正的领导者口吻还需要具备一项必不可少的品质——庄重。最近，我培训了一家对冲基金公司的副总伊丽莎白。她是公司高管团队中唯一一名女性，她让我找她的管理搭档咨询情况，想知道怎样才能改善自己的讲话风格。她的搭档首先在许多方面给予了她肯定，然后说：“伊丽莎白需要更庄重一些。她马上要与财务经理会面，为我们争取上百万美元的资金。她说的话要能让人信服。”庄重，字面意思就是“稳重”。我多次听到高管们强调领导者，尤其是女性领导者非常需要具备这一品质。

表现庄重分以下几个方面。首先，声音庄重——声音越深沉、有力，越能体现你的认真严肃。如果你声音尖锐或太过友善都不可能听起来庄重。其次，演讲要有内容、有分量、有尊严。人们之所以重视表现庄重的人是因为他们讲话有分量、有内容，听众知道他们在讲重要的事情。庄重还表现在一个方面，即表里如一。你不仅要对自己说的内容和口吻持坚定态度，还要说到做到，言行一致。

要培养真正的领导者讲话口吻，你就要抛开那些不适合的语气和声音，要真诚、有信念，这样才能在语气、内容和成就上表现得庄重。这样的声音不仅能让人们听从，还能引领听众。

如何领导女性员工

确保你的口吻是领导者口吻。女性的声音常常无法展现她们的领导者地位。例如，她们的声音听起来太年轻、像啦啦队队长、充满母性光辉、太像和蔼的老师、太过和善或乐于助人……她们甚至有可能没有意识到自己声音的问题。你可以给予她们一定的帮助。

- 一定不能鼓励女性员工用上述几种类型的声音或语气说话。
- 如果你听到女性员工用上述声音或语气讲话，私下找到她，让她明白她的口吻和领导者口吻有什么差距。比如你可以这样说："说话声音太欢快会让你听上去不像一个领导者。"
- 如果问题仍然存在，鼓励她参加相关培训课程。

CHAPTER 18

第十八章

调整说话节奏

丹尼尔是一位非常健谈的女士，但是一旦听众人数比较多，她语速就会非常快，听众的反应速度根本跟不上她的语速。她喘着粗气，讲话滔滔不绝，不但看上去不雅，听众也很难听懂她在讲什么。当教练让她试着放慢语速时，她笑了起来，因为这并不是她第一次听到这种建议。不过，她刚放慢语速大概 8 秒就又开始口若悬河了。当她想起自己应该放慢语速时才再一次放慢了语速，但也只坚持了一小会儿。但这段时间对教练和其他参与者来说已经足够，她们感受到了细微的差异，也听懂了丹尼尔要表达的意思。

几乎在每一期“登上舞台”项目的培训中都至少有一位女性发言时存在语速过快的问题。许多人在评论她们的发言时也会不自觉地加快自己说话的节奏。从这个角度而言，这不是简单地把语速放慢的问题。从丹尼尔的故事里我们能看出，语速本来就快的人，即使你告诉她们时间充裕，语速可以慢一些，她们也还是会在短时间内恢复原来的速度。说话节奏能反映一个很重要的问题：讲者与听众的关系比较紧张、陌生。最好的解决办法就是演讲者要掌控整个场地，调整个人节奏，这样才能吸引听众的注意力。

为什么人们发言的语速会过快

语速快不只是女性的问题，男性女性都会遇到讲话节奏越来越快的问题。人们通常认为，A 型血或是太过紧张的人都有语速快的倾向。人们还会在觉得自己演讲时间不够（这其实是一种错觉）或急着赶下一场会议时加快语速。当人们的演讲时间被压缩，他们必须精简自己的发言内容时，也会不自觉地加快语速。除此之外，语速快与现代科技带来的快速交流习惯也有一定的关系。但是除去上述原因，许多女性语速快主要是因为她们觉得自己无法掌控全场。

女性之所以会快速讲话是害怕自己被打断，而且是被有充分理由地打断。男性更喜欢打断女性说话，而女性通常不会打断男性，这一点我们提到过。加快语速能让女性不易被打断，从而有一种掌控全场的感觉。曾经有一位女士说："我可以一直不停地说，这样就没人能打断我。"但这并不意味着真正掌控了全场，这只是因为恐惧做出的反应。事实上，语速越快，吸引听众注意力的难度就越大。

有些女性语速快是因为她们对于众人目光的聚焦感到非常不自在。许多女性说自己"希望发言能快点结束"，她们讨厌"逼迫自己"，也"不想占用听众的时间"。有一位项目参与者说："发言的时候我只会想着赶紧结束，然后走人。"这些女性之所以会这样，往往是因为她们觉得自己不够资格发言。

还有一些女性因为觉得听众根本没有认真听自己讲话，所以加快了语速。这种情况在任何场合都可能发生，尤其是在电话会议中。在电话会议中，讲者看不到听众，所以更有可能猜测他们注意力不集中或者根本没有在听。一位女士告诉我，她在一次重要的电话会议中感到很沮丧。“我很难让大家步调一致，因为有 7 个人在拉斯维加斯，当地正是午饭时间，1 个人在佛罗里达，还有 3 个人和我在蒙特利尔。远程联系对我而言是巨大的挑战。我一直在想有人或许没有集中精神开会并因此分心，所以语速很快。”而男性在这种境况下会认为他的发言很重要，所以每个人都在认真听。他也可能通过讨论确定大家确实认真听了他的发言。

我们还发现有些女性急于结束自己的发言是因为她们缺乏自信，认为自己不能说服听众。她们要么会“直接跳到结论”，要么会提前结束发言，把时间留给和大家的讨论，就像一位女士说的：“我觉得自己无法说服大家相信我。”

在上述场合，女性往往选择放弃权力。和听众之间的关系一旦出了问题，女性便会加快语速，放弃说服听众的机会。而听众看到的就会是一个疲惫不堪、难以理解的演讲者，自然会对演讲的内容丝毫提不起兴趣。

如何掌控全场

要正视自己，相信自己值得被倾听，然后自行调整语速来发表演讲。我把这种能力称作“掌控全场”的能力。如果你能秉持这种心态，听众们就会认真聆听你的每一句话。优秀的领导者与听众之间的关系之所以融洽，是因为他们可以掌控对话内容、时机和语气。听一听 TED 演讲，你会发现所有演讲者都能做到掌控全场。

你可以告诉自己你值得被所有听众集中注意力来倾听，因为你准备充分，你的演讲主题对他们也很重要。在电话会议中，要积极评价你

"看不到"的听众。你要想象他们都注意力集中，在很认真地听你讲话，不要去猜想他们会不会在吃午饭或是在给别人发消息。一旦你感觉自己和听众之间有了联系，切记控制语速。以下方法可以帮你做到这一点。

第一，说话前停下来整理一下思绪。如果你心态积极，相信大家会听你讲话，你就有更多的时间来整理思绪。在演讲过程中，如果你能清楚地表达观点，听众自然会对你信任有加。

第二，放慢语速。讲话不要着急。我们在和别人交谈时语速会变慢，因为我们希望眼前正在听我们讲话的人能和我们待得更久一些。想想你在家和朋友们、在咖啡厅和同事们分别是怎样讲话的，这种语速才是你在听众面前发言时应有的语速。如果你说话放松，语速和往常聊天时差不多，听众自然会愿意听下去，你也会更加自信。

第三，在发言过程中适当停顿。我的第一位合伙人是演员马歇尔·贝尔，他说过这样一句话："停顿多久都不算久。"适当停顿会让你听起来更自信，也给听众时间消化你之前讲的内容。想想看：观众若能在停顿的时候回味你讲过的内容，他们对你演讲内容的理解必然会深化。当你讲述自己观点的时候，他们只是在用耳朵听，但你停顿以后，他们能用心体会。说完每句话后稍作停顿，以便听众们能够充分理解。

每句话之后应该停顿多久？粗略估计大概是 2 秒（相当于慢慢念出"一个土豆，两个土豆"的时间）。如果感到紧张，2 秒对你来说可能就像 20 分钟一样漫长。但是，不要挤压停顿的时间。这正是演讲（和领导力）出彩的时刻，适当的停顿能让听众对你讲过的内容有所反应。适当的停顿还有一个好处：你可以趁此机会调整气息，同时想一想接下来要讲的内容。

讲到关键点时，你可以停顿得稍微久一点，比如重要的个人观点、主要的证明理由、行动号召和一些其他的定义性描述等，这些关键点也是你即将开始下一段演讲的标志。同时，在表达个人观点或其他关键点之前停顿也是在告诉听众："仔细听，接下来我要讲的内容很重要。"所以，要练习在适当的时机停顿。恰如其分的停顿加上坚定的语气和频繁的眼神交流，能帮助你掌控全场。

第四，语速不要一成不变。我们平时说话并不是从头到尾语速都一样。一般而言，讲重要的内容时，我们会放慢节奏；讲不太重要的内容时，我们会加快节奏。比如，一位经理在说"我坚信我们能在预定时间内完成这项任务"时，一定会放慢语速来强调自己的观点。在详细解释这一观点时，这位经理会加快语速（就像在念一份清单）："团队成员都十分努力，大家很有实力，且具有奉献精神，工作也都按进度完成了，需要加班时大家也都义不容辞，因此我们很好地控制住了成本。"这种节奏是正确的。我们要记住，说重点内容时放慢节奏，讲到理由时可以适当加快语速。这种语速上的变化能让听众更加聚精会神，还能告诉他们哪些内容最为重要，哪些内容可以一带而过。

第五，充分利用发言时间。要认识到这是你应得的时间。如果你有30分钟的演讲时间，你可以花20分钟演讲，剩下10分钟进行现场答疑。演讲时一定要花足够的时间让听众了解你的整个思路，不要被任何看表的人打乱节奏。要牢牢把握机会讲出你的观点，并给出相应的理由。重要的是，在演讲完成之前一定不能草草结束。这对于大多数人而言都是一项不小的挑战，当你的听众是非常忙碌的高管时更是如此。如果他们说："我只有5分钟时间。"千万不要受此影响而讲得太快。相反，你应该罗列自己要说的全部重点。你可以略过一些细节，但要运用停顿的力量。通过这种方法，你能够不急不躁地完成简短的汇报或演讲。

想要成为领导者，语速十分重要。语速适中能展现你的自信，你要相信自己有能力让别人认真听自己讲话，让别人相信自己演讲的内容十分有价值。在演讲时，应该用自然、放松、恰当的语速掌握交流的主导权，让听众紧跟你的节奏。控制语速还能给你的表现加分，让你能够更好地运用本书剩余章节谈到的其他技巧。

如何领导女性员工

在商务场合中，女性比男性语速更快，因为她们觉得自己的讲话可能会被打断或者会一厢情愿地认为别人不重视她们。作为她们的领导，你可以提供一些帮助。

- 在你主持会议时，保持平易近人的态度，认真听女性员工讲话，营造包容的氛围。这能减轻她们的紧张感，让她们放慢语速。
- 如果有人语速过快，内容模糊不清，请打断她，及时提醒她："你能放慢语速，再给我们讲一遍吗？"
- 如果某位女性员工语速一直很快，找她谈一谈，帮她找找问题的根源，然后协助她解决。

CHAPTER 19

第十九章

提高表达能力

不久前，我为汉弗莱集团的一个实习岗位面试了一名年轻女子。她学历很高，是一名成绩优异的大学毕业生，在课外活动中的表现也十分出色。但经过几分钟的面试，我知道自己不能录用她。她说了许多“嗯……”“你知道的”这类口头禅；最不尽人意的是，她每句话末尾都会提高音调，像是在提问。这样的语调会让听众陷入困惑。

声音表现力对于女性而言是一个短板。我们的声带和身上所有与说话相关的部分——从胸膛、肺到喉咙、嘴，都能让声音更富表现力。人类歌唱能够跨越两个半八度的音域，也就是能发出比 do、re、mi、fa、so、la、xi、do 还多两倍的音阶。但我们通常把自己的声音局限在一个很小的音域里——还不到一个八度。我们在这个狭窄音域里创作出的“乐曲”并不能很好地支持我们的观点。本章将讨论如何充分彰显声音的表现力，吸引众人注意，让我们的想法能够振奋人心，进而达到充分利用所有机会来提升发言内容的实用性的目的。

不要提高句末语调

句末使用升调会削弱我们语言的力度，就像本章开篇故事当中的女子一样令人不适。可这在女性当中却像流行病一样传染开来，甚至蔓延到了一些男性身上。提高句末语调，就把陈述句变成了疑问句，不仅让人听着不舒服，也会令演讲者给人留下年轻、不自信的印象。如果你想知道这种声音到底是什么样的，读读下面这一小段内容，这是一位女士对她的领导说过的话。

“我正在写报告？明天交给您可以吗？我希望您能喜欢？”

问号代表句末语调上升，说明说话人十分没有把握。为什么许多女性都会用这样的语调说话呢？她们想寻求听众的认可。一位女士告诉我：“我习惯说话时以升调结尾，潜台词就是‘这样可以吗’。我每提出一个观点都会这么做。”说话以升调结尾其实就是在问“你同意吗”或“我能继续了吗”。一些女性之所以这样说话，是因为她们觉得这样可以让自己更加平易近人。

最近，《纽约时报》刊登的一篇文章提到一位记者说话时经常使用升调，她认为这么做“可能会挖掘更多有用信息”。[1]但她还是接受了演讲培训，因为电话采访时，人们总是会先问她：“你多大了？”说话以升调结尾会让你的声音听起来没把握、没自信、不自然，不像一个领导者。所以，请不要再这样说话了！如果你说话也是这样的，那么你要注意到自己的问题，然后在说每句话的时候都坚定一些，尤其不要在句末提高语调。时刻提醒自己，你完全能克服这个问题。

语调不要过于平缓

语调过于平缓也会限制我们的表达力。男性和女性都有可能遇到这个问题。这种语调会显得演讲者对自己没有信心，对演讲内容没有激情。如果我们讲话时没有语调的变化，听众会认为我们没有完全投入演讲。一般而言，我们对着电子设备说话的语调要比对着人说话时的语调更平缓，这就是为什么我们在语音信箱里的留言听起来语调平平，没有感情。这样说话的结果就是我们无法产生预期中与听众的共鸣。对于女性而言，语调平缓也有可能是因为害怕自己的声音听起来太强势或表现得太突出，因为她们不愿意站上舞台、在舞台上表现自己。对于害怕听众反驳自己观点的人来说，语调平缓是再好不过的安全港了。

尽管导致人们语调受限的原因有许多，但是一直保持一个音调或者语调太过平缓，肯定不会为听众传递任何积极的信息。语调平缓不仅无法调动听众的积极性，还会让听众感到厌烦。因此，我们不妨将自己的演讲录音，听听自己是如何讲话的，如果你觉得自己讲话十分乏味，就从现在起，朝着表达力出色的方向努力吧。

声音不要过于尖利

声音太尖利也会限制女性的表达能力。我们在培训中遇到过一些存在此类问题的女性，只听声音完全听不出她们是领导者。声带振动产生的声波影响甚广——我们的胸膛、喉咙、嘴巴、鼻子，甚至头骨都会受到振动。如果我们只保留颅内振动，便会出现娃娃音和啦啦队队长式声音。如果你的声音听起来总是年轻、开心、有乐于助人的感觉，人们就不会认为你成熟、老练和有领导能力。

有些女性总是因为习惯或紧张而用鼻腔发声，以至于听起来像是在抱怨或唠叨。这种声音同样不能展现领导力。我们公司的一位教练讲过一个故事，她在电梯中无意听到了一位男上司和他的女员工之间的谈话。那时候正值夏末，上司问道："你暑假都做了什么？"女员工耸了耸肩，喃喃道："唉，没什么有趣的。"这本来是个让上司了解工作以外的她的好机会，她完全可以说："两周时间内，我每晚都坐在码头上看美丽的日落，那真让人身心放松。现在我已经准备好投身工作了。"可事实相反，她向上司传递了这样的信息："我很消沉，别和我聊天。"最让教练感到烦恼的是，那位女士似乎对自己是个无聊的人感到自豪，因为这能让她摆脱困境。仿佛用鼻腔发声能让她感到安全。

这种鼻音的形成很有可能是无意识的，例如有些人在童年时期受到霸凌，所以这样的声音一直伴随着他们："离我远点。""我太弱小了，我要藏起来。"但尖利的娃娃音或是喃喃鼻音，都不是领导者的讲话风格。

如果你不想把自己困在这种尖利的声音中，就要想办法让声音低沉一些，这样你发声就不是单单通过头部和鼻腔的振动了，因为喉咙和胸膛也会产生共鸣。这样的音域会让你的声音听起来更成熟、更有分量。你要多多练习，因为练习能让你的声音更加坚定。通常，男性讲话时音域要比女性低，有时候他们会收起下巴，气沉丹田，让自己的声音听起来更有男子气概。但如果他们忽视高音域声音，也会对自己的声音造成限制，从而削弱表达能力。

女性怎样做才能压低自己的嗓音呢？演员劳伦·白考尔（Lauren Bacall）讲述了自己练就低沉、性感的嗓音的经验。"这是导演霍华德·霍克斯（Howard Hawks）的建议，"白考尔说，"他建议我即使是激动的时候也要压低嗓音。我会在车里大声朗读电影对白作为练习。低沉的嗓音不是一朝一夕就能练成的。"[2] 那么观众对白考尔的声音作何反应？他们怎么看待她低沉、独立的声音？白考尔说："我的声音给观众留下了一种我坚不可摧的印象，但其实我本人是一个很脆弱的人。"[3] 由此可见，低沉的声音会让人们觉得你强大、坚不可摧、有领导者风范。

玛格丽特·撒切尔也接受过一名国家剧院教练的培训。根据《大师之声》（*Our Masters' Voices*）作者马克斯·阿特金森（Max Atkinson）的说法，撒切尔最终成功地压低了嗓音，"缩短了近一半男女声音的差距"。[4] 最让人惊讶的是，她不但改变了嗓音，还放慢了语速，阿特金森说这是压低嗓音导致的自然结果。[5]

讲话时要抑扬顿挫

如果一直用一个音调讲话，那么，表达能力会被削弱。你可以通过以下练习提升自己的表达能力。

开会时，不妨问问自己："在我提出观点时，我的表达能力能吸引所有人吗？"如果你没能吸引所有人的注意，就试着调整自己的音调，同时观察听众的表现。你也可以针对会议室中某一个没有听你讲话的人，看看改变音调能不能引起他的注意。

听听自己语音信箱中的留言，如果音调平平，没有起伏，就重新录音，直到录音收录了你满意的声音。发送语音消息之前，也先听听自己的声音。如果有必要，可以重新录一遍，让你的消息听起来更富吸引力。

演讲或作报告时，不妨提前排练或参加一些专业培训。你可以先对着家人或同事讲一讲。我以前的一位客户就是这样做的，她会先和自己的儿子一起排练。她大声朗读讲稿，而她的儿子会不断打断她，告诉她："妈妈，这听起来不像你。"孩子们最清楚我们有没有展现真实的自我，也会坦诚地告诉我们。同时，用一些符号在脚本上做标记对我们也有很大的帮助。这些标记能够提醒我们哪里需要停顿，哪里需要强调。下面是我获得年度企业家奖时发表演讲的部分内容。斜线代表停顿，下划线代表强调。

创业//需要勇气，直面我早年的资产负债表//也需要勇气，////设想生意的发展走向更需要勇气。每天早上醒来，每次拓展业务，对我而言都是永远不会结束的创新。你绝不能放走机会，机会就在你左右。努力吧，让努力成为你//灵魂的一部分。

我在比较重要的词语下标记了下划线，提醒自己演讲时要放慢语速、提高音量，在关键词汇前标记了斜线，代表我需要在这里暂时停顿，来营造一种大家期待的氛围。

总而言之，要吸引更多听众的注意，我们就要提高自身的表达能力。要注意以下几点：不要提高句末语调，语调不要过于平缓，声音不要过于尖利，讲话时要抑扬顿挫。如果能做到以上几点，人们肯定会更愿意听你讲话。

以下练习能帮助你拓宽音域。

练习1：改掉在句末提高音调的习惯

改掉这个习惯最好的办法就是找一位自己信任的同事或前辈，让他们听你演讲，在你本不想提问却不自觉地提高句末音调时提醒你。你也可以录下自己演讲时的声音然后听回放。反复练习，判断自己是否有进步。

练习 2：改掉语调过于平缓的习惯

选一篇你喜欢的作者写的文章或一本儿童读物，用有感情、有起伏的声音将其朗读出来。试着将某些发音表现得夸张一些，然后变换音调朗读文章。切记，如果读每句话的语调都一样，我们就会陷入语调过于平缓的境地。还有一个方法：听一听演员说台词时的语调并尽力模仿。

练习 3：降低嗓音

劳伦·白考尔的方法是找一个没有人的地方（她经常会把车停在比弗利山庄的一处空地），然后压低嗓音读一篇文章或一整本书。你可以像她一样每天重复这样的训练。或者，你可以像玛格丽特·撒切尔一样找一名演讲教练，通过轻哼和其他训练降低嗓音。

练习 4：开发全部音域

你可以通过以下几种发声方式探索你的音域到底有多宽。

- 用胸腔哼出声，同时将手放在胸前感受胸腔的振动。
- 接下来，轻一点哼出声，感受喉咙、面颊和鼻子的振动。再试着感受以更高音调轻哼时头顶的振动。
- 用嘴轻轻地哼，嘴巴微张，下颌收紧，用手掌底部按摩下颌与其他骨骼的连接点并打哈欠。之后，试着在自然状态下发出同样的声音。

- 现在张大嘴巴，朝手吹气，然后长舒一口气，听一听自己张大嘴巴时声音有多大。然后放松颚肌，通过嘴巴缓解声音的振动。

总而言之，我们一定要充分利用自己的声音，练习开发自己的全部音域，进而通过声音强调我们要传递的信息。

如何领导女性员工

女性员工可以通过学习提升表达能力。作为领导者，你可以通过以下方法帮助他们更有效地提高表达能力。

- 如果你听见女性员工说话时提高了句末音调，及时指出。告诉她们这样的说话方式会让她们听起来像在提问，尽管她们的本意并非如此。
- 如果你听到女性员工讲话语调过于平缓，及时指出。你要告诉她们："你可能需要练习一下控制音调，因为我发现你有时候并没有把自己的感受通过语言表达出来。"
- 如果有女性员工声音太过尖利，你可以学学电影导演霍华德·霍克斯的办法——他鼓励劳伦·白考尔压低嗓音，让她的声音听起来更加坚定自信。

CHAPTER 20

第二十章 吐字要清晰

歌舞片《窈窕淑女》(*My Fair Lady*) 讲述了卖花女伊莉莎·杜利特尔变成英国优雅贵妇的故事，而改变她人生的恰恰是她的吐字发音。伊莉莎的演讲教练亨利·希金斯认为，在定义伊莉莎的地位的时候，谈吐远比社会阶层和财富更重要。事实证明，希金斯是对的。在一次使馆聚会上，人们将伊莉莎视为“拥有皇室血统”的女子。[1]尽管在商界，我们并不想被人当作皇室成员，但我们要做的是塑造一个领导者形象，而吐字清晰能让他人对我们的印象大为改观。本章将讨论如何让吐字更清晰，从而强化你作为领导者的声音。

为什么要吐字清晰

尽管我们每天要说成千上万句话，但为了让自己发言时像真正的领导者，我们仍要刻苦训练自己。正如我们公司的高级教练尼基·瓜达尼（Nicky Guadagni）告诉客户的那样：“你的听众需要听清你说的每一个字。你不能喃喃自语，蒙混过关。如果你说话语无伦次或是吐字不清，那肯定没人能听清你在讲什么，更理解不了你绝妙的想法。”

你的发音能传递很多信息。例如，发音含糊不清可能是因为你对周遭环境感到不自在，所以想隐藏或压抑自己；也有可能是你青少年时期的经历产生的影响，这些影响表现为你不愿吐露心声，不愿让别人倾听你的心声。发音含糊不清还有可能是因为你讲的不是母语，你当前使用的语言中的一些发音对你来说十分困难。例如，对许多人来说，英语中“th”的发音就很难，还有些人分不清“w”和“v”的发音。

除上述因素外，发音不够清晰还可能是因为你在需要以领导者身份讲话的场合用了日常讲话的方式。如果你的想法值得一说，你就应该清清楚楚地讲给别人听；但如果你发音不够清晰、准确，听众可能觉得你对自己说的话不够重视，他们就更不会注意听你对大家的号召了，自然也不会对你有所改观。

发音的艺术

“发音清晰”从字面上来看，可以理解为“分成小块”[2]，我们说话时就应该遵循这样的规则。你可以把一段话分解成容易理解的小单元。在演讲时，我们要时刻提醒自己，我们要重视发音器官起到的作用，因为我们都不希望人们伸着脖子问：“你刚刚说了什么？”

发言前不妨先给自己的发音器官“热热身”，这一点大多数人做得都不够。有一种简单有效的练习就是使劲将舌头伸出嘴巴，然后保持这个动作，默数十下。如果你和别人待在一起（前提是这个人与你关系很好），你可以看着那个人，然后伸出舌头，试着说：“一、二、三、四……”当然，你可以用任何文本做这个练习，每次练习一到两分钟。当你伸着舌头数完数字或念完文章，把舌头收回来，重复一遍刚刚说过的话。你会发现自己的声音更加舒展，吐字也更加清晰。

如果你要出席会议，可以提前找一个没人的地方做上述练习，例如你的车里或者会议室附近的走廊上。伸出舌头，练习开场白："早上好。感谢各位前来听取我们的重组计划。"保持这个姿势，念一遍你演讲的第一段内容。

还有一种练习吐字的方式是打开你的下颌，以便说话时能充分发挥肌肉的力量。想象你要发表演讲的地方人来人往，非常嘈杂，试着用你出色的演讲盖过吵闹声，当然，不是通过大喊大叫，吐字清晰的人在与听力不太好的人讲话时也能明确传达信息。如果你能在报告时或会议电话中吐字清晰，不仅别人会认为你坚定自信且准备充分，你自己也会产生一种坚定自信的感觉。

我曾经和我们的教练玛吉·哈克拉克一起练习发音。我对玛吉说："我是来帮你的。"她立刻告诉我："你需要强调，你句尾听起来非常没有力量。"（很有可能是因为我没日没夜地将自己的演讲稿修改了15稿）。她和我说，问题可以从两方面着手解决："多呼吸，这样你就可以厘清每一句话要表达的内容。在说每句话的时候，强调辅音。"在玛吉的引导下，我开始大声演讲并强调每一个辅音。我发现强调辅音可以让每个字、词听起来都更清晰、更有分量。比如说读"骄傲（proud）"这个单词，需要强调"p"和"d"。而说"领导（lead）"时要强调"l"和"d"。现在试着在说"很骄傲能领导……（proud to lead……）"时强调上述辅音，你会发现整句话读起来都十分响亮。注重发音清晰让我更加频繁地调整呼吸，在说每一句话时都思路清晰。下次观看戏剧时，不妨听一听演员说话时是如何强调辅音的。

练习时可以回忆一下自己小时候学的绕口令。无论什么语言的绕口令都能很好地锻炼与你发音相关的肌肉。

这样的练习能够活动关节，唤醒肌肉，让你讲话更加犀利、清楚。我们经常说一整天话却从来不做准备工作。假如我们早上九点开会，如果我们过独居生活，很可能在会前没什么说话的机会，所以本章提到的准备活动非常重要。

如果你觉得自己在发音和讲话方面有困难，一定要寻求帮助，可以向同事、朋友或是专业老师寻求帮助。每天勤加练习，然后把自己的声音录下来。听录音回放时，起初自我要求别太高。先听听自己值得肯定的地方，再找出需要改进的方面。

以上练习能帮助你加强声音的力量，使之成为强有力的领导力工具。这些练习绝对值得一做，因为这对你演讲和在语音信箱留言都有直接的影响。练习一段时间后，你甚至会享受讲话这件事情。就像我们的一位教练说过的："发音其实就是在'品味你的语言'。"

如何领导女性员工

女性员工的领导者不用都像电影《窈窕淑女》里教伊莉莎·杜利特尔讲话的亨利·希金斯那般努力。但运用本章提到的技巧能够提升女性员工的地位，同时，擅用声音的员工也会让你的团队更加强大。作为一名领导者，你可以通过以下方式帮助你的女性员工。

- 如果你的女性员工中有人发音含糊不清或说话时总像喃喃自语，一定要告诉她们问题的存在。
- 提供声音训练课程来帮助她们。一系列课程能够帮助她们用出色的发音更加清楚地表达个人观点。

- 要对那些进步较慢的员工耐心一些。做出改变是需要时间的，几个月、几年，都有可能。但如果有动力、有支持，她们一定会大有进步。

04
PART

第四部分
在舞台上秀出你自己

CHAPTER 21

第二十一章

理解临在的力量

> 想象你坐在一张会议桌前，对面坐着一位女士。起初，你并没有注意到这位安静、谦逊的女士，但当她坐直身子开始讲话时，她的言辞却是那么有说服力。她做了什么？她仅仅是挖掘了自己内心深处的力量——勇气和敢于冒险的精神。正是这股能量，让她拥有了临在的力量。

上面这段话出自汉弗莱集团撰稿人兼教练琳达·格里菲思（Linda Griffiths）之口，她准确地描述了临在的力量，这也正是本书最后一部分的核心内容。当你站上舞台，无论是在讲台上、会议室里、电话会议中，还是在走廊上和别人交谈，你都希望自己在当下就能引起听众们的注意。接下来的几章会讲述如何通过理解临在的力量的重要性，克服紧张情绪，做到坐有坐相，站有站相，同时利用肢体语言和得当的穿着展现自己的领导能力。掌握这些技巧能增强你的气场，让你在舞台上绽放光彩。

那么，到底什么才是临在呢？

很简单，临在就是在舞台上存在感十足。单看字面意思就能理解，临在就是让别人感受到你的存在。如果一位高管提及自己的团队成员时说："我希望她的存在感能再强一些。"他的意思就是希望这名员工说话能更有说服力。许多高管都希望自己团队成员的临在感强一些，这里的临在感可以是"行政方面的临在力量"，也可以是"领导力方面的临在力量"。

临在力量是一个很难具体描述的品质，但只要一个人身上有这种品质，我们往往能一眼分辨。我们说一个人临在力量强大，就是说这个人像磁铁一样，能在众人中脱颖而出，吸引旁人的注意。就如同世界舞台上那些给你留下深刻印象的女性领导者一样。脸书 COO 谢丽尔·桑德伯格是一位商界领袖，她的著作《向前一步》[1] 曾经风靡全世界。如果你听过她讲话，你会发现她之所以能振奋人心，是因为她的临在力量强大。[2] 她发言时坚定自信，给人们温暖、大度且精力充沛的感觉。年轻的巴基斯坦女孩马拉拉·优素福·扎伊（Malala Yousafzai）是捍卫女权的革命者，她有着异于常人的特殊临在感。每当谈起要让全世界的女孩都得到教育时，她都激情满满，口齿清晰，十分引人注目。[3] 这些女性都具有临在力量强大的特点，她们不仅仅身体强健，思想与精神也丰富、强大。她们身上体现着自己语言的力量。

魅力与临在力量不可混淆。魅力包括一个人的闪光点，是个性的一部分，而临在则反映一个人更深层次、更私人的方面。临在感并不是与生俱来的，我们可以通过后天学习和模仿培养强大的临在力量。存在感也不仅仅浮于表面——它是我们的化身，是我们愿意告知他人和听众我们是谁的意愿。

要想存在感强就要展现我们内心的力量。内心的力量不是紧迫的能量或激动、兴奋，也不是咄咄逼人或喋喋不休。一个精力充沛的人也可能没什么存在感。也许你见过这种人，他们似乎不论在哪里都神采奕奕。他们脚底生风，忙碌又充满活力，但是缺乏专注度。有些女性在紧张、有压迫感时会散发出这种几近狂热的能量，但这样做，她们力量会很强大却距离临在更加遥远。

存在感强还意味着要从自身传播正能量。从生理上来看，我们身体散发能量的中心地带是腹部，也就是内脏，我们通过内脏感知紧张、激情和信念。我们做深呼吸也要通过这一区域。从生理角度而言，每个人在表达坚定立场时，气息都是下沉的。当我们放松且专注地用气息连接这一核心区域、将观点传达给听众时，我们就给这些观点注入了生命。信念给我们力量，鼓励我们大胆说出自己的想法。想一想这种时刻：你心中充满信念，感觉自己的思想和身体合而为一——这正是我们追求的专注的能量。

实际上，到目前为止，本书讨论过的所有内容都是在为理解临在的力量做铺垫。只有在众人面前发言、提前创作出色的演讲脚本、找到能清晰表达自己思想的声音，你才能真正理解临在的力量。秉持“站在舞台中央”的心态，言行一致，你才能释放心中的力量，完全专注于自己的演讲内容。这样一来，存在感就不仅仅是外在的状态了，而成了由内而外散发的自身能量。本书第四部分就在讨论由内而外散发的、能吸引听众的临在力量。

想要有临在感，我们就要“沉浸于当下”。演员会切身感受自己说的台词，然后将感受悉数展现给观众。这意味着不去考虑过去与未来，完全置身于当下的交谈中。这还意味着与听众讲话要发自内心。如果你能做到，你就能以当下的声音、当下的躯体来鼓舞听众。每次与客户开会，我都会保持这样的状态，同时也会抱着必胜的信心，这不仅仅是为了谈成生意，还因为我坚信对于客户而言，这就是最好的选择。我的思想、能量、语言和肢体语言共同促使我提出个人观点，于我而言，这种状态着实令人激动，因为此刻的我能真正感觉到鲜活的自己。

当你在听某人作报告或进行一对一面谈时，最糟糕的状况就是你感受不到他们的存在。你不知道对方在哪儿，反正就是和你不在同一间会议室里。你心里总想着还没收到的邮件，费心考虑永远也做不完的待办清单，这非常耗费精力。作报告时担心早上犯下的错误，担心家里的保姆没有准时上班，这都会让我们失去临在的力量，因为我们并没有全身心投入演讲。

注意力不集中具体表现为讲话颠三倒四、上下衔接不连贯，甚至有时还会偷偷看一看是否收到了邮件。临在感强大的绝对条件就是讲话时要专心。只有我们以身作则，我们才能带领听众全身心投入。

当我们在听众面前展示真实自我的时候，每个人展现出的气场都是独一无二的。在过去的许多年间，我培训了许多成功女性，她们中的每一个人都有与众不同的气场。其中有一位汽车制造公司的女高管，她身材娇小，穿着打扮和行为举止都平平无奇，但她非常自信，对自己的观点也坚信不疑。当她起立发言时，在场的每一位听众都如沐春风。另外一位电信公司的女总裁风格更加张扬。她穿着华丽，就像一只蓝孔雀，自然、温暖而又坚定、果断。她充沛的精力吸引着众人的目光。第三名女高管是一位银行家，她风度翩翩，浑身散发着优雅、沉稳的气质。和优雅相比，更让她与众不同的是她的坦诚和智慧。听众总觉得她聊的是一些深刻的人生真谛。

以上三位女性拥有强大且独具特色的气场，这也正是你我要追寻的、贴着你独特标签的气场。也许你整体风格比较安静，那就一定要让在场的所有人都感到如沐春风；如果你的性格十分外向，那就一定要和听众们建立联系。除此之外，你也可以用自己的魅力、优雅和幽默吸引听众的注意。总之，你的临在力量一定要真实、自然。

想要通过临在力量对听众产生影响，就不能让任何东西阻隔你和听众，包括幻灯片和海报之类的设备。如果你演讲时照着幻灯片上的内容读，就无法展现临在力量，因为幻灯片会成为全场的焦点，而演讲者只会沦为朗读者。如果你的演讲包含太多细节，听众们可能只会注意到"实际上"和"事实上"后面的内容，你的温暖和能量会被过多的细节耗尽，即便是手中的一支笔也可能让听众分心。所以，在演讲中切记一切从简，这样你才能专注于和听众的交流。

临在力量强大的讲者会平静地接受听众的任何反馈，而不是认为他们在对自己评头论足。长久以来，女性太过在意听众的想法了，以至于总是忧心忡忡。究其原因，女性还是太想获得别人的认可了。你要向听众敞开心扉，但这并不意味着让他们随意评论你、喜欢或讨厌你，甚至判断你。

西蒙娜·德·波伏娃（Simone de Beauvoir）对"自我"和"他者"的分类也适用于此。[4] 波伏娃在《第二性》(*The Second Sex*）一书中谈到，在传统意识里，女性被视为与自我相关的"他者"，但是我们并不应当推崇这一观点。女性并非男性的附属物。女性说话的时候也应该明确自我意识，明确自己就是全场的焦点、是力量的源头。如果你能登上舞台，意味着你确定自己确实有要事宣布，你的听众也会给你积极的反馈。与听众建立这种关系能让你气场全开，不会给人脆弱的感觉。这还能让你感受到真实的自我，不再害怕听众会随意评论你。理解"自我"和"他者"之间的动态关系能让你把自己看作舞台中心的独立的自我。

总而言之，只有对自己的演讲内容十分自信，且有能力展现真实的自我，你才可能拥有强大的临在力量。一旦将这种观点根植于心，之后章节中提到的技巧才能进一步帮助你加强临在感，提高领导能力。

如何领导女性员工

本章详述了领导者必备的品质——临在感。你可以通过以下方式培养女性员工强大的临在力量。

- 理解临在的含义。
- 以自己为例，解释临在的含义。
- 认识到“男性”和“女性”的临在力量有所不同。同时问问自己：“团队中的女性员工有没有展现她们颇具领导者风范的临在感呢？”
- 如果你认为某人缺乏这种临在力量，不妨在与她一对一面谈时提出这一问题。
- 提供教练技术（coaching）或开展培训来帮助女性员工。

CHAPTER 22
第二十二章
勇敢地站上舞台

我观察过一家非常出色的创业公司的总裁。这家公司开年度大会时，会有 200 多名股东参加，这位总裁在会上总会表现得十分紧张。她不停地道歉，说话结结巴巴。她先宣读了一份新合同，然后又说："对不起，我是说一段新的合作伙伴关系。"她先说公司已经有 2 400 名员工，然后又改口说："我的意思是，全球共有 2 400 名员工。"本来满是公司好消息的精彩演讲却因此让人感到焦虑。

这位总裁面临的挑战——舞台恐惧其实非常常见，而且面临这种挑战的女性要比男性多很多。我培训过的大多数女性都告诉我她们对舞台十分恐惧。但在我多年的培训生涯中，鲜少有男性面临同样的问题。事实上，大多数男性在舞台上都表现出哥伦比亚大学商学院（Columbia Business School）提出的"诚实的过度自信"，意思是：他们相信自己就是这么优秀。[1] 相反，女性则自己找了千万条不发言的理由。当她们被要求汇报或演讲时，她们可能会出于各种理由先答应下来，但等到真正要演讲的时候，她们又会非常痛苦，遭受冒名顶替综合征和其他严重的女性疾病的困扰。

如果你希望自己说话有分量，想要培养上一章提到的临在力量，就必须摒弃这些焦虑，勇敢地站上舞台。

为什么我们在舞台上会感到害怕

许多女性怯场是因为害怕听众用尖锐的语言评论或者贬低她们，还有许多女性甚至担心大胆说出内心想法会让她们显得过于强势，还会导致男性和其他女性批评自己。女性通常更习惯于在自己的舒适区内保持沉默，而不是在舞台中央跃跃欲试，毕竟，女孩总被教导应该“文静一些”，说话不要太大声，语气也不要太强硬，这些规劝导致我们心里总有这样一个声音：“保持安静。你的发言听上去肯定很蠢，要么你的想法就是错误的，要么你会显得太过傲慢。”有些情况下，我们的领导、丈夫或者兄弟姐妹还会强调这一消极的自我概念。但其实，在更多情况下，我们自己才是强调这一消极概念的人，可是我们又很苦恼自己为什么要这么做。

比起男性，女性在穿着打扮方面更容易遇到问题，这也让她们在聚光灯下讲话时更不自在。正如我在上一章谈到的，我们会给研讨会中的女性录像，回看录像时，女性更在意自己的发型或体重。即使在教练对她们的演讲和整体表现给出反馈时，她们依旧只把注意力放在该怎么减轻 10 磅[①]体重上。她们担心自己的穿着、妆容，甚至指甲是不是有什么问题，还会因为这些问题非常刻薄地评价自己。

尽管我成功地建立了一家公司，尽管我经常教高管如何发言，尽管我本人也经常在许多听众面前演讲，但我依旧会受到怯场的困扰。我曾经付出了许多努力来克服这个问题。我清楚地记得自己第一次有这些焦虑感受时的体验。那时候我读七年级，在学习如何即兴演讲。当时同学

① 约合 4.5 千克。——编者注

们就像热锅上的蚂蚁，因为既没有指导也没有参考。老师只是简单地告诉我们（或者只有我——我记得不是特别清楚）：“朱迪思，你的话题是‘男孩们’。”我太害羞了，什么也说不出来。事实上，我不想分享我内心对于男孩们的真实想法，或者说不想在别人面前谈起，何况这些人中还有一些是男孩子。我记忆中只剩下了满脸通红的自己，说第一句话时就磕磕巴巴：“我不明白您为什么要让我讲这个话题，毕竟我们家只有姐妹五个。”我不确定自己当时有没有使用这么多连接词，虽说在当时的情况下这确实是段不错的开场白。

这种焦虑并没有很快消失。当我在大学做讲师，给学生讲课时，我紧张极了，心里七上八下。在我开始创业后，我每次给陌生高管打电话时都必须克服恐惧。我很庆幸他们看不到电话这头蜷缩成一团的我，这样的姿势表明我十分焦虑。即便是今天，如果我要在许多人面前演讲，也会提前在大厅尽量驱散自己的焦虑和恐惧，然后才会走进礼堂。我讲过，我之所以担心，是因为我认为听众对我的期望极高，觉得我应该做到最好，因为我是一家国际语言交流公司的创建者和总裁。也就是说，这种压力一直在我心头，从未离去。

我之所以讲这些自己的故事，是因为它们道出了许多人的恐惧，我也想通过这个故事告诉大家：无论你的过去如何，只要有信心，你同样可以成为一位成功站在舞台中央的演讲者。我认为，正是我的害羞引领我寻找到职业生涯中的舞台，鼓励我克服艰难挑战。今天，我已经开始享受站在聚光灯下的时刻了。

那么，到底怎么做才能在舞台上更自信呢？

勇敢地站上舞台

没有能治愈怯场的特效药，唯一有效的办法是鼓足勇气投入演讲。一位女士和我说，她在最好的朋友与哥哥的婚礼上发现了自己的强项。她解释说："我当时打算在婚礼上致辞。我特别紧张，但是，我做到了（她喝了一杯酒后说）。我用上了在'登上舞台'培训项目中学到的东西：降低语速，调整声音。一切都很顺利。大家都说：'哇，你真的很棒。'"

如果你提前得知自己要发言，最好一步一步来，发言前做好充分准备，演讲当天调整好心态，演讲时注意"沉浸于当下"，最后反思自己的表现。接下来我们详细看一看每一步该怎么做。

演讲前：做好充分准备

- **理解听众。**一旦得知自己需要演讲或发言，你就要思考听众想从你这里获得什么。你想改变他们的想法吗？还是想给他们灌输一些振奋人心的想法？或者你想在一定程度上帮助他们提升走向成功的能力？简而言之，你要想清楚你想以怎样的方式影响他们。弄清楚这一点后，你就有了演讲目标，演讲目标能让你把注意力从自己身上移到听众身上。
- **尽你所能准备演讲脚本。**一份出色的演讲脚本能给你信心，让你的演讲更加顺利。所以，花些时间好好准备脚本，多读几遍，反复修改。如果脚本的初稿是由别人完成的，你一定要认真对待，将这些内容内化于心。即便是非正式交谈、做简报或客户推介，也应该做好准备。

- **尽可能多排练。** 我很幸运，每逢重大演讲，汉弗莱集团的优秀教练都会帮助我。但如果你的公司无法提供如此专业的帮助，你也可以雇一名教练，或者在家人、同事、朋友面前演讲，获取一些有价值的反馈。在练习时，各方面都征求他们的看法，从讲话节奏、语言表达到眼神交流、发音和语速。
- **学习 TED 演讲，尤其是女性的演讲。** 你能从中获得一些新的思路。而且你会发现，那些勇敢、有能力的演讲者也会略微紧张，这让他们更贴近"实际"。[2]
- **提前熟悉并检查演讲场所。** 你可以想象台下坐满了人，对着想象中的听众演讲。如果可以，在那里多练几次。
- **从你擅长的领域获取力量。** 我们的教练尼基·瓜达尼就通过这种方式帮助了一名客户，使她在演讲中更加自如。尼基得知客户是州冠军女骑手，就让她想象自己骑在马上，将双脚放在马镫上，双腿夹紧，盆骨摆正，挺直肩膀，抬头挺胸，威风凛凛地伸出双手，拿起缰绳。据尼基说："她的变化令人十分吃惊。"以此为例，你也可以通过想象你擅长的领域——骑马、辩论，让自己在会议室里放松下来，进而用强大的标准要求自己。

演讲当天：保持积极心态

- **如果你练瑜伽，做一些能让你舒展的拉伸和力量训练动作。**
- **如果你练习冥想，这项技能能帮助你找到体内强大、安静的中心点。**[3]
- **对自己的外貌有信心。** 梅丽尔·斯特里普曾一度认为："我太丑了，做不了演员。"现在，她建议女性不要担心自己的体重或外表，要接受自己，这是她的观点："真正让你与众不同的，是你的强项……我以前总是觉得我的鼻子不好看，但现在我不会了。"[4]

- **写一些小贴士，反复提醒自己要集中注意力、要冷静。**例如，你可以记下并重复以下内容："这间房子里的年轻女孩真的需要听我演讲！""我的报告能让听众们成为更加强大的领导者。""这可能改变那些金融师的游戏规则。"
- **杜绝咖啡和一切含咖啡因的软饮。**除非你是那种晚餐后喝了咖啡还能像婴儿一样安睡的人，否则请远离这类软饮。当你站上舞台，如果肾上腺素升高，咖啡因就会进入你的循环系统，你可能加快语速，感觉心脏仿佛跳到了嗓子眼儿。那样，你看起来会很紧张，甚至会发抖，而这并不是一个良好的演讲者应有的形象。
- **洗澡时练练嗓子。**这可以让你在演讲时更有信心，让你能使用适当的音量、音域和措辞。
- **排练。**即便只是练练"早上好，我叫 ×××"，也要语气真诚，和听众保持眼神交流，说话节奏适中。
- **如果有条件，演讲前先和听众认识一下。**这会让他们对你更亲切，你也能更自在。
- **在等待上台演讲的时候，深呼吸，专注调整呼吸。**

演讲时："沉浸于当下"

- **将开场白牢记于心，讲开场白时眼睛看着听众，掌控全场。**
- **专注于你的演讲内容，全身心投入其中。**切记：只有"沉浸于当下"，才能拥有强大的临在感。

- **放松呼吸。**如果你讲话时感到紧张，不妨稍微暂停一下，调整好呼吸。可以深吸两到三口气，把空气吸进腹部，达到放松自己的目的。
- **放慢语速，与听众多交流。**如果你觉得自己语速已经很慢了，那恰恰是合适的语速。
- **与听众进行眼神交流，每说完一句话停顿一下。**我们在谈话时能很自然地做到这一点，这样的举动能帮助你保持冷静，和听众有所交流。停顿还能给听众时间，让他们可以思考你刚说过的话。

演讲结束后：为自己送上祝福

- **对别人的赞美感到骄傲，然后回想自己在演讲中正确的举动。**不要因为自己本来能够做得更好而感到遗憾。相信自己，下一次，你一定会更进一步！
- **抓住新的发言机会。**如果你每次都能抢占发言先机，就会更加自在，发言时也更自如。

以上技巧能帮助你更自信、更顺利地塑造领导者形象，增强你的气场。如果你想通过读某个人克服怯场的故事鼓舞自己，可以读一读苏珊·凯恩（Susan Cain）的文章，名为“内向者出列：《安静》的作者如何做出精彩的演讲”（*An Introvert Steps Out: How the Author of "Quiet" Delivered a Rousing Speech*）。[5] 苏珊是一位非常勇敢的女士，她自称是一个内向的人，却勇敢地发表了 TED 演讲。她为此做了一年的准备。她最终的演讲带给人的触动很大，也非常有趣，你可以在 TED 演讲中看到。[6]

也许你不可能花一年的时间做准备，或者你无法优秀到能在 TED 上发表演讲，但是，如果你能按照本章讲的步骤做，你也会被自己的表现惊艳到。如果你还没完全摆脱紧张感，没关系，适度的紧张感可以给你动力，所以不妨让你的演讲有一丝紧张的气氛。如果你的听众感受到了这一丝紧张，必然会对你展现的勇气大加赞赏！

勇气是表演者的标志。正如剧作家戴维·马梅特（David Mamet）所说：“幕布前的演员、即将奔赴战场的士兵、就要步入赛场的斗士、运动比赛前的运动员都会自我怀疑、感到害怕、经历恐慌，但当号角响起，一个人凭着冷静的个人意志，无论如何都要完成他的任务时，就是勇气。”[7]

如何领导女性员工

怯场对于男性和女性都很常见，但基于本章提出的原因，怯场对女性的影响更大。她们可能会害怕在隆重的场合表现自我，甚至在管理会议上说话时会怯场。你可以通过以下方法为她们提供帮助。

- 如果你也会感到紧张，可以与她们分享自己的经历，减轻她们的孤独感。
- 你举行会议时，尽量让那些还没发言的人说话。约翰·蒙塔尔巴诺解释说：“这样做可以让人们冒险讲出自己的想法。渐渐地，你会观察到，经过你的鼓励，那些曾经一言不发的人们开始在会上主动发言了。其实会议主持人是非常关键的角色，能鼓励那些默默无闻的人大胆发言。”

- 想一些能鼓励团队中的女性成员克服恐惧的办法。你可以让她们主持某项团队活动，鼓励她们在行业会议上发言。鼓励这一类勇敢行为也是非常好的解决办法。
- 让女性员工在发言前多多排练。即使是演员，在登上舞台之前也要进行大量的练习和彩排。让你的团队成员和你一起练习，然后对她们的表现给出反馈。

CHAPTER 23

第二十三章

坐有坐相，站有站相

梅身材娇小，总穿一身黑衣，说话时一动不动。她的声音很有权威，但外表看起来没有存在感。她错失了好几次晋升机会，原因显而易见：她的姿态表明她只想消失在人们的视线中。经过我们的培训，这种情况有所好转。我们的教练问她是否运动。梅回答："嗯，我接受过 14 年古典芭蕾训练。"教练让她稍微展示一下。梅脱下黑夹克，站起来表演了一小段完美的芭蕾动作——她展现出优雅的姿态，眼神里充满温暖。所有人都被她的气场吸引住了，根本移不开目光。

那一刻，梅的内心受到了一丝触动。她意识到虽然自己个子不高，但依旧可以拥有强大的气场。那天下午她演讲时使用了许多肢体语言。梅的进步让她自己和研讨会的其他参与者都备受鼓舞。这个故事告诉我们：要想站在企业舞台上，必须站在更高的位置上。

女性总是十分羞怯

身份（status）和地位（stature）是密切相关的词语。研究表明，资深的管理层人员往往比资历较浅的同事站在更高的位置，且男女都是如此。[1] 当某人站在比较高的位置上时，我们往往也会认为他更有自信，给其他人的感受是他们地位更高，更受人尊敬。

女性总是把自己摆在很低的位置。比起男性，女性不仅在身材上不占优势，还会进一步削弱自己的存在感。在我们培训女性的25年的时间里，我们见到许多女性会尽量缩小身材，以削弱自己的气场，她们只坐椅子的一小部分，驼着背，跷二郎腿，双臂或双手交叉，将手放在大腿之间。这样的动作不仅会削弱自己的气场，还会给别人留下没有安全感或防御性强的印象。

气场不够强大的人经常会有一些不好的体验。别人不指望他们有领导能力，也不会认真考虑他们的评论。更糟糕的是，含蓄的姿态会让人发言更加困难。因为当你弓腰向前时，肋骨会受到压迫，这样的姿势会让你呼吸不畅。

不妨试试下面这个动作：先摆一个放松的姿势，然后微微收紧肩膀。你会发现这样很难坚定地讲话或展现领导者的自信。

相反，男性会最大程度地舒展自己。有一次，我们的教练让满屋的女性“像男人一样坐好”，她们立刻挺起胸膛，伸展胳膊，将手搭在旁边的椅子上。她们还分开双脚，踩实地板；又仰起脑袋，以一种主人翁的姿态审视着整个房间。尽管女性都明白这样的姿势更有力量，但练习结束后，她们又缩回自己压抑的坐姿。她们更习惯自我保护的姿势。单纯地引导她们像男性一样坐着或站着并不是解决问题的办法，我们需要重新定义自己强大的姿态。

坐有坐相

坐着的时候，你可以通过以下方法将坐姿调整得更大方、自信。

- **选择会议桌旁的位置。**如果开会时可以自己选择位置，你要远离外围的长椅，坐在会议桌旁。如果你是会议主持人，坐在会议桌的最顶端，最好面向门，这样，你就能看到进进出出的参会人员。如果你想更亲民，可以坐在中间或者侧边最两端的位置。如果你是参会者，尽量坐在靠近两端的位置，这样，你可以看到每一个参会者，大家也都能看到你。董事会的桌子一般都是弯曲的，坐在靠近两端的人不用转来转去也能看到每位参会人的面部表情。
- **双脚踩实在地上。**双脚踩实会让你感觉更踏实。你要将椅子调整到合适的高度以保证双脚踩在地上。女性通常想不到，看似无关紧要的踏实感竟与椅子的高度有关。霍利是一位个头中等的女士，她坐着发言时显得很没有威严。结束发言后她才知道是因为自己的双脚根本没挨到地板。霍利将椅子高度调到6英尺①以下，把双脚放在地上，然后重新发言。这一次，她的所有举止都有所不同——声音更低沉，语速更缓慢，语气也更坚定。她的表现更庄重了！很长时间以来，女性坐的都是无法调整高度的椅子，但是现在不一样了，办公室的椅子都可以调节高度。因此，花点时间把椅子调整到适合你的位置对你大有裨益。
- **双腿不要交叉。**我们的母亲告诉我们坐着的时候要双腿交叉，但这样的坐姿会让我们处于“倾听者”的被动位置。你在发表观点时会自然地放松双腿，不再交叉。试着在发言之前、在你一坐下的时候就不要交叉双腿。如果你穿的是裙子，就并拢膝盖；如果

① 1英尺≈0.304 8米。

你穿的是裤装，膝盖可以放松一些，保持两膝与臀同宽即可。

- **坐如钟**。坐下时，要感觉你脊骨的底部被压进了椅子里。一旦靠上椅背，你自然而然就坐直了，这样整个人看起来会很挺拔。尤其注意腰部不要前倾，在这儿，“向前一步”是行不通的。

坐姿端正对你的形象有多重要？回答是：非常重要。一位女士向我们讲述了她职业生涯中不寻常的成功故事。她说自己从不会在会上表现得无精打采，每次开会，她都优雅、挺拔地端坐在椅子上，她的坐姿说明了一切：“我坐在这里，我在认真倾听，我是一名领导者。”即便是枯燥乏味的会议，大家都昏昏欲睡，她也会保持这样的坐姿。当有人问起她是如何一直保持这样挺拔的坐姿时，她解释说：“哦，很简单。我做了一场手术，腰那里有一根金属支架。”这确实有用，但我们绝对不希望读者通过这样的方式展现自己的领导者风范！

- **坐满整张椅子**。男性总是一次占不止一张椅子，因为他们会将胳膊搭在旁边的椅子上。这样的坐姿有时非常不合时宜，因为这样会影响旁边的人。但女性应该拓展个人空间，占满一整张椅子。不要坐在椅子的边上或只坐一个角，要把你的重心均匀地分布在椅子上。
- **舒展双臂**。手臂的姿势也会对气场产生很大的影响。要么把手臂放在椅子扶手上，要么放在桌上。把双手放在身前比放在大腿之间更能加强我们的气场。所以，伸出双手，做好准备打手势的姿势。不要抱臂或将双手叠在一起，这样的姿势会毁了你舒展胳膊时散发的包容、自信的气场。
- **保持平静**。平静散发自信。我们紧张或者没有安全感时往往会动来动去，坐立不安：我们的头会转来转去，身体也摇晃不定。平静则展示出自信和力量。平静至少说明别人说话时我们在认真聆听。

- **移开杂物**。如果你想保持专注，就要移开面前会分心的杂物——水瓶、钱包、活页夹、白纸和眼镜盒。大多数时候，你只需一张干净的便笺来做笔记，当然，如果你要发言，可以准备一些演讲笔记——学一学那些不是“工蜂”的人是如何做的。

总而言之，当你坐着开会时，一定要让自己看起来非常强大。一位年长的女士结合以上技巧给出了如下总结：“我应该坐直，将双臂放在桌上，摆出让别人觉得‘很有力量’的姿势。这样的坐姿比瘫坐在椅子上更能给人紧迫感，十分有说服力。有些男性可能会靠着椅背，放松地坐着，还把一只胳膊搭在旁边的椅子上。但是，除非他们是CEO，否则我不会把他们当成一回事。”

挺拔的坐姿能让你在会议中脱颖而出。一位学员在结束“登上舞台”培训项目之后说：“我注意到参加了培训的女性在会上和会议桌边的表现都与之前大有不同了。真是令人耳目一新又印象深刻。”来自马来西亚的人事经理萨拉瓦尼也有同感：“我以前开会时总是斜靠在椅子上，将双手放在膝盖上。参加过培训之后，我才知道如何保持更好的坐姿。我们应该保持端正的坐姿，将双臂放在椅子扶手或桌子上。这样的坐姿能向听众传递你强大的自信。我的男同事们大多保持这样的坐姿。现在，其他人越来越重视我了，尤其是在我发言的时候。”

站有站相

坐姿端正固然重要，但如果能站着，就别坐着。这不仅让你看起来更有威严，也能让你感觉到对全场的掌控。站着的时候，你说话声音也会更洪亮、清晰。因此，除非你是在非正式小组内进行汇报，否则发言时最好还是站起来。即便是开电话会议，说话时最好也站起来。这样，你的声音会更有能量，也更加自信。人们或许看不到你，但他们一定能从声音中听到区别。因此，在条件允许的情况下，最好站起来，同时遵循以下指导。

- **站稳脚跟。**站立时，双脚与肩同宽。你的大腿虽然放松但很有力量。膝盖分开，轻微弯曲。许多女性都有学习这个站姿的必要。在一次培训上，一位名叫布兰达的20多岁的指导顾问在发表演讲时，双腿以奇怪地姿势绕在一起。这样的站姿十分不稳定，而且讽刺的是，她那天的演讲主题是如何帮助儿童养成良好站姿。如果你是一名领导者，人们认为你至少应该站姿端正。
- **站如松。**我还记得少年时期，母亲训练我和姐妹们的体态时，会让我们头顶一本书保持平衡，然后围着客厅走路。我们必须看清每一步路。但不可否认，这是很好的锻炼。身姿挺拔与高矮无关，只关乎你的体态。这是一种风度，而不是外貌特征。要想站如松，你首先要挺胸抬头，让脖子放松，然后让肩膀自然下沉。
- **双臂放松，自然垂于身体两侧。**当你的手臂自然垂于身体两侧时，你做起手势来会更加自然，因为这样的姿势方便做任何手势。切忌抱臂或双手交叉。抱臂会让人们觉得你对自己的演讲内容感到很不自在，你在隐瞒一些内容，甚至有人会觉得你为人冷淡。抱臂的姿势无法传递强大领导力的信息。

- **来回走动**。当你站着时，不妨有意地来回走动，展现你优雅和坚定的步伐。如果你在讲台后面做正式演讲，你可以从讲台后面走出来，尤其是当你的演讲十分令人激动时。这个举动能展现你开放包容的一面。但如果你是在银行董事会上发言，按照惯例，你必须一直站在讲台后面。当你在一个比较开阔的舞台上演讲时，你可以来回走动；如果你一直僵硬地站着不动，很可能缺乏感情，显得并不投入。但是不要随意走动或在台上频繁踱步，因为这会分散听众的注意力。你应该隔一段时间，在提出新的观点、播放下一张幻灯片或开始下一段内容时再移动或换一个站姿。

站姿挺拔能让你的职业生涯焕然一新。珍妮特是我们培训过的一位女士，她当时很沮丧，因为她的事业一直停滞不前。其实理由很简单。从高中起，她就觉得自己“太高了”，为了让自己看起来矮一些，她养成了站着时哈着腰、把重心放在一条腿上的习惯。不幸的是，这个习惯让她站着演讲时看起来很随意，身体重心也总是换来换去。“珍妮特，我不会给你升职的，除非你改掉站立时哈着腰的习惯。”领导绝对不会这么和她说。他只是在珍妮特的业绩评价表中写道：“没有高管气场。”仅此而已。如果珍妮特想得到晋升机会，就必须正视并认可自己的身高，同时端正站姿。

如何端正站姿呢？你可以遵循上述指导。上述指导能使你站姿端正、放松、舒展。你也可以观察那些站姿挺拔的女性。如果你想知道到底怎样才算“站姿挺拔”，可以看看梅琳达·弗伦奇·盖茨（Melinda

French Gates）的 TED 演讲，名叫“非营利组织能从可口可乐学到什么”（*What Non-Profits Can Learn from Coca Cola*）。[2] 她全程都在展现怎样才是真正的站姿挺拔。通过以上练习，你可以训练自己坐如钟，站如松。

如何领导女性员工

领导者会通过挺拔的站姿和端正的坐姿展现自信。通过以下步骤，你能帮助女性员工养成良好的姿态习惯。

- 以身作则。注意自己是如何站和坐的，利用本章的内容和技巧改善自己的姿态。如果你自身的姿态都“不正确”，就无法成为令人信服的教练员。
- 观察女性员工的站姿和坐姿。有些人体态可能很好，但有些人非常压抑自己，这让她们看起来不像领导者。比如抱臂、双手握在一起、只坐椅子的一小部分、一直低着头、驼背、小动作多。
- 在一对一面谈时告诉女性员工你的发现。有些领导者很乐意这样做，但这毕竟是一个敏感的话题，如果有条件，你可以给她们推荐教练。
- 你谈到这个话题时，强调其积极的一面：“你会参加越来越多的客户会议，所以你一定也希望自己能做到最好。”

CHAPTER 24

第二十四章

善用肢体语言

佩吉说话时习惯不停地点头。如果她是幼儿老师，那么这样做可以很好地安慰小朋友。但佩吉是一位企业银行家，不停地点头只会削弱她的气场。为了让她不再频繁点头，我们的教练让她说话时背对着墙，头部轻贴墙壁。来参加培训的人们都感到很惊诧，因为佩吉保持头部稳定后说话变得更加坚定了。虽然佩吉还是要时刻提醒自己不能频繁点头，但她学到了重要的一课：适宜的肢体语言和必要时候的稳定庄重能让她在舞台上站稳脚跟，获得自信和力量。确实如此，头部、眼睛、嘴巴、胳膊和双手的每一个动作都会塑造你的个人形象。

头部

注意头部动作，因为谈话时别人首先会注意到你的头部，头部姿势能清楚地反映你作为演讲者的气场。女性总是摆出讨好的姿势，而不是像男性那样抬头挺胸。就像上文例子所讲，许多女性自己讲话时会不住地点头，听别人讲话时也总是点头。这不只是企业界女性的显著特点，晚间新闻的女主播也会这么做。如果仔细观察，你会发现女记者会频繁地点头表示同意，即使在没有理由这样做的情况下她们依旧如此。我们喜欢肯定别人的观点，这促使我们频繁地点头。但频繁点头会让别人误认为我们同意他们的想法——虽然有时候我们并不同意。这样做会让我们变得友好、和蔼可亲，而不是有权威、有领导者风范。因此，非必要情况不要频繁点头。

还有一个头部动作也会削弱我们的存在感，就是仰起脑袋。我们为什么会做这个动作？目的是表现出同理心或者弱化我们的气场。这个动作确实会削弱演讲者的存在感，降低她在听众心中的地位。这个动作让我想起了我的宠物狗，当我问它们想不想出去散步时，它们会扬起脑袋，竖起可爱的耳朵，使出浑身解数讨好主人，然后等待主人做出决定。同样，仰起你的脑袋代表服从、顺从。

你可以通过端正姿态避免这些削弱你存在感的头部动作，并培养强大的临在力量。肩膀微微向后打开，摆正头部。不要摇头晃脑、点头或抬头。头部端正、稳定，从而展现出强大气场的女性有许多，例如美国有线电视新闻网（CNN）新闻主播克里斯蒂安·阿普曼（Christiane Amampour）、第一夫人米歇尔·奥巴马（Michelle Obama）和德国总理安格拉·默克尔（Angela Merkel）。

眼睛

无论在哪儿，眼神交流对领导者来说都至关重要。我们看一个人的眼神如果能流露出自信、力量和尊敬，表明我们很在乎眼前的人。汉弗莱集团培训女性的足迹遍及欧洲、亚洲和美洲，我们引导这些地区的女性意识到将眼神交流作为提升自己领导能力的一部分。

有研究表明，和人谈话时，地位高的人比地位低的人盯着对方的时间更久。[1] 研究还表明，我们看别人眼睛的时间并不够长。成年人在一段谈话中平均 30%~60% 的时间与对方有眼神交流，但其实，这个时间理应占到 60%~70%。[2]

通常情况下，女性与他人眼神交流方式不当往往会削弱她们的领导能力。我们观察到有些女性说话时会扬起眉毛，眨着眼睛。这种方式可能会吸引听众，但听众会把女性演讲者看成客体而不是主体。这些女性似乎在寻求他人认可而非自我认同。有一位客户总是眨眼睛、扬起眉毛、微微抬起头、捏着嗓音说话，她说这是因为她害怕自己显得太咄咄逼人。她觉得听众更喜欢她“柔弱一点”的风格。也许一些听众觉得这种风格很好，但认同这种风格的代价就是对演讲者失去了尊重。

还有一些女性总是眼神躲闪，这也削弱了她们的存在感。当我们不敢大大方方地直视对方时，对方会觉得我们缺乏自信。我们还观察到女性在强调某一观点时会瞪大眼睛，就像在说“哇”或者“天呐”，但这对于领导者形象的塑造非常不利。

你需要的是强烈、持续、温暖又生动的眼神交流。和别人交谈时直视对方，其实也是在告诉对方：“我们对自己很有把握。我知道自己在说什么。我希望你能认真听。”我还记得在职业生涯早期，一次我正在等电梯，电梯门一开，公司 CEO 走了出来。我认识他，可他不认识我。但是他目不转睛地盯着我，那个眼神我到今天都记忆犹新。我相信他一定非常想认识我，因为眼神能给他人传递清晰的信息，你的眼神能告诉别人你想认识他们，还能告诉别人你对自己非常自信。

每次认识新的管理层客户时我都发现，他们看我的眼神非常坚定，也在观察我能以同样的方式直视他们多久。这是他们力量的展现，也是对我的测试。这种坚定的眼神不一定要很严厉或者很吓人。我们可以把它看作建立融洽关系时的“问候”，这一点在管理层尤为重要。

嘴巴

不仅在亲密朋友之间，在生意场上，微笑和微笑传递出的温暖都是交流中很重要的部分。但是，微笑要适度。

有些女性微笑太频繁了。我们发现她们在做商业演讲时嘴角一直保持上扬的弧度。她们会微笑着说：“要想达到盈利目标，我们需要降低成本，减少开支。”听众们能听进去什么信息呢？演讲者笑脸的影响盖过了她们讲话的内容，以至于听的人会觉得他们的领导太甜美了，一点也不严肃。

导致女性持续微笑的是她们的社交习惯。有时人们会让我们笑一笑，试着改变我们作为领导或同事的样子，展现出小女生和美丽女性的一面。我们的一位教练曾与人搭档主持一档电视节目，导演让她保持微笑，却未曾要求男主持人也这样做。我们大概都遇到过在思考一个严肃的问题时，有人走来劝我们笑一笑的情况。这让人很恼火。我们并不想失去活力，但也不想向那些认为女性应该每天挂着笑容的人低头！

持续不断或不合时宜的微笑会削弱领导力。新墨西哥州立大学心理学副教授蒂莫西·凯特拉尔（Timothy Ketelaar）的研究表明：“我们在少数几种会笑的动物中发现，微笑似乎在告诉更具统治地位的同类自己不会对他们造成任何威胁。就社会声望而言，微笑似乎有同样的功能——能表现出一种顺从。”因此，地位比较高的人可能鲜少微笑。[3]

当然，我并不是说要一直板着脸。事实上，我们培训过的一些女性需要更亲和一些，面部表情也需要更柔和一点，因为一张面部表情生动的脸能让我们的声音更具表达力。这就是为什么即便是在电话会议之前，你也应该预热面部表情。但你的微笑一定要和你讲的内容有联系。如果你在讲艰难但必要的公司重组问题，那就没有理由面带笑容了；如果你在感谢你的团队取得了辉煌的成果，那就大方地展现出自己的笑容。在你展现温暖的同时，一定要记得声音中也要略带笑意，让这种笑意带动你的面部表情。你的微笑应该是你激情、信念和领导力的一种反映，是展现你整个人的活力的标志。

胳膊和双手

我们在汉弗莱集团做培训项目时经常被问到这样一个问题："我的胳膊和手应该放在哪里？"我们走路或与朋友聊天时，胳膊和双手似乎十分自然。可在听众面前，我们经常不知所措，觉得手臂放在哪里都很尴尬。不论站着还是坐着，我们都觉得不自在，我们可能会在胸前抱臂或者弯曲手肘，把手夹在腋下，就像鱼鳍一样。我们也可能会紧紧抓着讲台不放手。这样的姿势会让我们无法舒展地做动作，显得防御性强、笨拙，且没有安全感。

丹·达姆沙（Dan Dumsha）是汉弗莱集团的一名高级教练，她善于教学员培养强大的临在力量。达姆沙认真地讲解了我们的胳膊和双手到底应该放在哪里。

> 如果你想站着演讲，先要从"占据空间"开始。首先，你站立时双脚要与肩同宽，两臂自然下垂，放于身体两侧。注意不要握拳，手中不要拿任何东西，手指完全放松。保持这个

姿势的同时抬头挺胸，与听众进行眼神交流，保持微笑，深呼吸，然后说："大家早上好。"这样能让你稳住自己。

一旦开始演讲，你就要时刻举起双臂，双手放松，让自己能方便地做一些对演讲内容有所补充的手势。整个演讲过程中，你的手必须放在腰部以上的位置，手掌面向听众。这个动作让许多人想起国家乐团的欢迎仪式——乐团成员张开双手欢迎对方，以表明自己手中没有武器。我们也把这个动作称为"沙滩排球"技巧，因为在你提出观点时，做这个动作就好像你在轻轻地将一个沙滩排球掷向听众席。当你不做手势时，可以将双手放回身体两侧；之后你可以适当抬手，伸展胳膊或者把手放在身体两侧。

结合双手垂于身体两侧和双手置于腰部以上、手掌向外这两个技巧，演讲者能够传递出自然且真实的领导力。因为这两个动作都能说明你包容、气场强大、精力充沛。

坐着开会时同理。首先，把手放在椅子扶手或桌子上。在提出观点时将手举起来，和你站着的时候一样（想象自己手中有一个小一点的沙滩排球）。发言结束后，将手放回最初的位置。

无论站着还是坐着，都不要做小动作，诸如将两只手缠在一起或者甩手腕等。在你没有提出观点或是在你听别人发言时，手最好保持不动，切记不要摸头发或整理衣服和饰品，因为这样的"梳妆手势"表明我们把自己看作客体而非主体。同时，切忌做出过于低调的动作，比如用手遮住脸、眼睛或嘴。

做手势时，不要担心自己表现力太强。事实上，大多数人会犯的错误是手势做得不够。一些女性经常和我们说："我是意大利人 / 南亚人 / 墨西哥人，对我而言，手势太多了。"但我们的教练认为这不是问题。没有哪种手势适合所有人，而且你也不想在演讲或说话时隐藏真实的自己，假装成另外的模样。只要你的手势能帮助你更清晰地表达观点，同时不会使你分心，你就应该自由畅快地通过手势表达内心想法。如果没有自信，不妨回看自己演讲的录像，录像可以帮助你平衡各种选择。你会发现，当你强调手势以后，你的表现会令人印象更加深刻，也更有说服力。

一定要与他人握手。如果你在社交场合与某人初次见面，应该伸出手，发音洪亮并充满自豪感地介绍自己的名字，然后直视对方的双眼，与之进行眼神交流。握手是重要的传统商务礼节，你应该多加重视。

肢体语言，也就是我们头部、眼睛、嘴巴、胳膊和双手的动作，它们在交流过程中至关重要。不当的肢体语言会让听众分心，也会让你传递信息的效率下降。但如果能熟练运用肢体语言，你的演讲将获得额外的力量，你的气场将更为强大。

如何领导女性员工

我们可以通过肢体语言表达思想，但有时，肢体语言反而会阻碍我们自我表达，削弱我们的领导者形象。女性的肢体语言可以是有力的、自信的，但如果情况不是这样的，作为领导者，你可以通过多种办法帮助她们。

- 以身作则，带头学习本章技巧。

- 注意那些会削弱领导力的行为举止，如点头或摇头晃脑，躲躲闪闪、不合时宜或令人分心的眼神，假笑，胳膊与双手的动作太多或太少，小动作频繁等。
- 你可以找到有以上问题的女性员工，对她们单独进行一些培训。告诉她们怎样做效果更好。
- 提供专业训练。

CHAPTER 25

第二十五章

女性职场穿搭法则

我培训过一位名叫马西娅的女副总，她在男性主导的行业里晋升飞快。我很早之前认识一位她公司的男性高管，在一次聊天中，我们碰巧聊到了马西娅，于是我问他怎样看待我的客户，他回答说："她很聪明，但是单看表面看不出来。"这令我很惊讶。

"这是什么意思？"我问道。

"她……过于有女人味。"他回答。

我想了想，立马知道他为什么这么说了。马西娅年近四十，是个很有魅力的女人。她的长发扫过脸颊，她经常身穿低领上衣。人们都说她十分有吸引力，而这样的评价对她这样一位有能力的职业女性而言恰恰非常危险。

从这位男性高管的评论中我们能明白两点：①人们时刻都在观察和评判女性，尽管他们有时并无恶意；②在商界，着装十分重要。不合时宜的着装打扮会破坏他人对你的印象，阻碍事业发展。本章将详述 6 条领导者穿搭法则，这些法则能帮助女性解答"走向成功的穿搭"这一问题。我们应该认识到，优雅的外表是迈向成功的重要一步。

法则1 根据公司环境选择着装

挑选工作装时首先要明白一点：各行各业的工作服都有所不同。例如银行副总和硅谷创业公司员工的着装就完全不同；在一家小型科技公司穿短裙套装、定制衬衣就像在律师事务所穿牛仔裤、连帽衫一样显得格格不入。（当然，如果你是科技公司高管，或者整日与银行家、律师打交道，你就需要穿得更像是他们的客户。）

因此，选择着装时要先明确自己所处的环境。同任何物种一样，融入集体是最佳生存技巧。如果你的公司要求穿正装，就按要求穿正装。

高伟绅律师事务所是世界上最大的律师事务所之一，该事务所曾发布了一份备忘录，告诫女性员工穿着不要过于暴露（如果穿裙子，确保人们注意不到你的裙子），也不要过于沉闷（别穿得像殡仪馆的工作人员）。[1] 同样，瑞士金融服务公司瑞银集团于2010年发布了一份关于服装标准的文件，文件长达44页，规定了女性员工衬衣的颜色（中性色）。有人嘲笑瑞银集团的要求过于死板，因此，这份文件被迫以较短的篇幅再次发布。[2] 公司关于着装的非正式规定更为常见，而且比明文规定更容易吸引人们注意，但非正式规定的变更时间间隔更短。作为一名员工，你要对这些变化保持敏感，例如在“休闲星期五”，不要天真地以为你可以完全抛开传统的着装规定。我们的一位客户曾经就在“休闲星期五”穿着牛仔靴走进了办公室，她的老板看到后特意指出她需要进一步“修饰自己”。

地域文化也会影响企业环境。不同国家的商务人士穿着有所不同，区别有时细微，有时显著。由于汉弗莱集团在世界各地都开展培训，我们经常能看到这些差别。有些地区的人们喜欢亮丽的颜色以及款式花哨的鞋子。例如，我们在墨西哥见到一些女性主管穿着非常鲜艳的鞋子。她们总是穿着有两三种颜色且图案夸张的高跟鞋。我们问她们："为什么穿这么鲜艳的鞋子？""因为我们普遍较矮，"她们回答道，"我们的鞋子能给我们力量，让我们更美丽。"这一原则适用于任何地方，即观察你所处的环境，选择合适的着装。

法则 2　根据理想职位选择着装

你可能听说过这种说法：出人头地的最佳办法之一就是按照理想职位的要求着装打扮。我遇见的许多女性中层管理者都渴望晋升成为副总，但在通常情况下，她们的着装并不得体。她们穿的裙子不够优雅，缺乏激励人心的力量（是的，着装也能起到振奋人心的作用）。她们穿的夹克和连衣裙、半裙或裤装很不搭，仿佛在告诉别人："我太忙了，没时间花心思搭配一身优雅的套装。""我是幕后工作者，不必在意着装。"

如果你想在事业上有所进步，首先要看起来像一位自信的领导者，那么你在着装时要注意风格统一、搭配合理、品质上乘。在男性普遍身着西装的办公室里，套装、连衣裙搭配毛衣、夹克以及搭配协调的服饰都是不错的选择。除此之外，你还要注意鞋子的搭配，鞋子可以起到锦上添花的作用。另外，布料和工艺也能体现你的个人品位。总之，不论身居何职，你都应当始终保持最佳状态。如果你是工厂经理，一定不要穿得像个行政人员，否则别人也会奇怪你为什么要"假装自己是别人"。不过，参加会议时，你可以穿上熨得平平整整的长裤和西服。

这也许会增加你在打扮方面的支出，但要知道，这其实是一项投资。如果你穿得像一位副总，那你获得这份工作的可能性自然会更大。因为你的老板和其他高管会觉得你已经像一位副总了。随着你着装方面的开销增大，你也会发现更多特别的衣服——有品位的衣服、线条优雅的衣服或浅色系的套装。人们会看到你为了扮演好领导者角色而逐渐形成了个人风格、培养了鲜明个性。同时，在穿衣打扮方面，你也可以向那些公司及行业中的标杆女性人物学习。如果你在硅谷工作，可以向玛丽莎·梅耶尔和谢丽尔·桑德伯格看齐，因为她们是雅虎和脸书的女性领导者。你可能觉得自己负担不起这些高层人员穿的衣服，那就买一些便宜的服饰模仿她们的穿衣风格。通过观察这些女性的穿搭风格，研究高层管理人员和副总的着装打扮，你能找到最合适的穿搭风格。

法则 3　根据会面人选择着装

如果你要与客户及高层会面，你选择着装的依据就应该是这些会面人而不是办公室的同事。我是在做撰稿人时学到这一条法则的。那时我随时会被叫到 CEO 办公室讨论演讲内容，所以我每天都穿着高级套装和高跟鞋，像身处高级行政办公室一样。

如果你要发表演讲，就根据听众选择着装。辛迪是一名物流经理，她和我讲了一次非常成功的演讲经历。

“你觉得你演讲成功的原因是什么？”我问她。

“清楚自己在讲什么，口齿清晰，着装适宜。”

“你那天穿了什么？”我又问道。

“定制阔腿裤，高级衬衣，一双新鞋。是不是相当专业？”

自然，你不可能每次都确切地知道自己当天要开什么样的会，所以最好在办公室放一套备用的高级套装。一位叫娜丁的女士曾说："如果我开会时需要多安排一两个座位，我会叫两名初级实习生，并且要求她们穿西服外套。有些年轻女孩会在办公室穿紧身衣和带有束腰的服饰，这些衣服虽然穿起来很美，但我绝不允许她们穿这样的衣服走进会议室见 CEO。在招聘她们不久之后，我就告诉她们要时刻准备一件西装外套。"事实上，我们要时刻做好准备，毕竟，你一定也希望自己在高层人员面前穿着得体。

法则 4　想要出人头地就要避免过分突出女性特征

作为一位职业女性，切忌穿衣风格过于出挑，因为这样会给听众传递混乱的信息。2010 年，花旗银行 33 岁的员工黛布莱利 · 洛伦萨纳被解雇了。她表现出色，但由于外貌出众，很容易让男同事分心。人事部多次要求她不准穿修身高领毛衣和紧身裙。[3] 一再拒绝这一要求后，她被解雇了，仲裁委员会也支持银行这一决定。[4]

一直以来，女性总会因为着装打扮而备受关注。很多人认为，着装性感的人总会吸引别人注意她们的身形优势而非她们作为领导者的能力。一位银行人事主管和我解释了着装性感的女性是如何失去专业人士的地位的："我们公司有好几类女性：行政助理、经理、交易员、分析师和销售人员。所有女性在人们看来都是差不多的。但成功人士和普通人完全不同，她们身着量身定制的时髦服装而不是铅笔裙和低领衬衣。"

同样的法则也适用于男性。就像一位男性高级经理告诉我的那样："如果我走进办公室时，衬衣最上面的两三颗扣子敞着，甚至胸毛露在外面，就太不合时宜了。所以女性也必须遵守同样的规矩。”遵守这些不言而喻的法则是为了让我们看起来更像领导者，避免穿着打扮传递任何与自己身份不符的信息。有魅力是一件好事，但女性特征在我们成为领导者的道路上对我们没有任何帮助。当然，你不能太过乏味或邋遢，但也不能过分突显自己的女性特征。

法则 5　注意刘海与手镯

作为职场女性，你不仅要注意自己的着装，还要确保你的头发、首饰和装饰品不会削弱你的领导力。我们选择怎样的发型（对部分人来说还有发色）非常重要。我们的一名教练询问一位客户：“你准备如何演讲？”她回答说：“我会披着头发。”现实中，许多女性都会这么做，但是发型和衣服一样，选择时不能随心所欲。你要确保自己的发型看起来也很职业——不能乱糟糟的、太夸张或者太长。发型要符合你的职业形象，不能制造干扰。毕竟，你一定希望人们的关注点是你提出的观点而不是你的发型。

长头发最好能扎起来。有一次，一位客户参加午宴，她平时都会把头发扎起来，但那天，她的长发松散地披在脖子上。这让她看起来一点也不像 40 岁的女人，倒像一个 20 岁的年轻女孩。我提醒她，她平时的发型看上去更职业。她说：“没关系，这只是我们部门内部的午宴。”她的回答让我在从她身边走开时甚至怀疑自己是不是太循规蹈矩了。但后来她告诉我，午宴结束后，她被叫去参加一场高管会议，更出乎意料的是，在会上，CEO 看她的眼神不像在看一位职业女性，而像在看一个“花瓶”，这让她十分气愤，也十分后悔。

由此可见，职场女性的发型一定要符合职业形象。我有一位客户非常喜欢游泳，她解释说："我一直都留直发，因为我上班前会先游泳。"但这头直发让她看起来像个 20 世纪 60 年代的花童，导致她多次晋升副总失败，她的领导也评价她："气场不够。"

任何吸引人眼球的手镯或饰品都会影响你的领导者形象。你绝不想站在舞台上时戴着晃来晃去的大耳环和夸张的项链，因为闪闪发光的首饰会喧宾夺主。这些首饰最好留在非商务场合佩戴，在非商务场合中，人们会想："那项链真好看。"或"我好喜欢那对耳环。"这完全没问题。但这样的信息绝不可以在会议室中传递给听众，否则它们就会成为你的干扰。

法则 6　遵循以上 5 条法则并培养个人风格

遵循法则 6 绝不意味着可以忽视前 5 条法则，你要将以上法则内化于心，根据自己的理解学以致用。同时，按照公司规定穿着并不是说你就要穿得乏味单调。我在 1988 年建立汉弗莱集团时，通常选择海军蓝或黑色短裙套装作为自己的职业装。有时我也会戴一条珍珠项链或丝巾加以装饰。这是 20 世纪 80 年代所有穿搭书籍给出的第一条建议。我的衣柜里有许多套装，它们比早期的套装设计更精美，我穿的裙子也是如此。纳内特 · 莱波雷（Nanette Lepore）是我最喜欢的职业装设计师之一。你也可以多多留意安 · 泰勒（Ann Taylor）和安妮 · 克莱因（Anne Klein）这样的设计师。他们设计的高品质女装职业性强却不失个性。也就是说，遵循穿搭法则绝不意味着单调乏味。事实上，穿套装和裙装不仅自己穿着舒服，与我说话的人也不会感到不合时宜。

值得注意的是，穿着打扮会随着所处职业生涯阶段的不同而有所改变。随着职位上升，你可以穿一些更大胆的衣服。一次，我在一家大银行等待会见银行经理时听到一位年长的女性和她年轻的同事之间的精彩对话。年轻女人说："我周五要去见客户，但我不知道穿什么，您能给我一些建议吗？"年长女人说："穿黑衣服吧，别太性感，不要穿太短或者低胸的衣服。"然后她又说："不过我现在已经到了想穿什么就穿什么的地步了，但我要是再年轻一些，绝对会按照规则穿衣。你还年轻，见客户时一定不要做那个与众不同的人。等你职位高一点后，你挑选着装的空间就更大了。例如，你在事业起步之时绝不可以穿亮红色套装。但等你到了我这个阶段，你就可以穿亮红色套装了，这需要你入职多年才行。"

因此，职场着装务必遵循并灵活运用以上法则。从更广泛的层面来说，以上 6 条法则在你的整个职业生涯中会一直受用。这些法则能帮助你提升外在形象，为你成功登上舞台助力。它们能帮你打造干练的形象，告诉听众你非常注重自我管理。如果你想知道穿着、发型和外在形象是否真的会影响一个人的晋升之路，看看你公司的高管团队和他们的着装就会知道答案。在商业环境中大胆、有勇气非常重要，但这在着装和发型方面是行不通的！所以，把你的勇气留在大胆说出内心想法和想被别人认真倾听的时刻吧。

如何领导女性员工

着装是想成为领导者的男性和女性都需要考虑的问题。由于女性着装选择范围更广，因此在涉及事业发展的问题上，着装反而成了一大难题。也许你并不想提起着装这一话题，但如果你认为某位员工的穿着不能良好地反映她自己和公司的形象，那么，提起这个话题就十分必要了。你可以通过多种方式在着装方面帮助女性员工。

- 明确穿着打扮是职场问题，不单单是个人选择。
- 观察女性员工着装是否干练、职业。
- 如果有人着装不合时宜，你有以下几个选择：①亲自和她们谈话；②让人事部和她们谈话；③找一名形象咨询师帮助她们。
- 如果你听到有人说哪位女性员工有多性感或火辣，请务必遏制这种言论。根据芭芭拉·安妮丝和约翰·格雷的合著的《性别智商》中的说法，这种言行可能并非有意冒犯："许多对女性的评论其实是人们的本能反应，意在赞美。"但在商界，这样的描述对女性来说非常无礼。你有责任处理这种情况，你可以①和当事男性谈话；②和当事女性谈话；③在整个团队设定互相尊重的标准。

结语
世界就是你的舞台

读完这本书，你已经知道了该如何登上舞台，如何让你的职业生涯和生活都有所改变。本书告诉你，登上舞台需要鼓起勇气，从公司的小事做起，比如举手发言、提出晋升请求、让人们听到你的声音。你的举动可以影响公司同事、家人和与你同住一个社区的人。我听说过许多感人的女性故事，那些女性登上了舞台，不但改变了自己的人生，也改变了别人的人生。

在本书中，我分享了接受过汉弗莱集团培训的来自世界各地女性的故事。这些例子告诉我们该如何大胆说出内心的想法、如何在舞台上秀出自己、如何通过努力最终蜕变成强大自信的领导者。其中涉及培养“站在舞台中央”的心态、创作出色的演讲脚本、释放声音的力量和在舞台上秀出自己。不过，掌握这些技巧只是一个开始，接下来你要学以致用。也就是说，如果你真的想登上舞台，就要每天把理论化为实践。这要求你像演员一样投入——认真理解角色、学习台词、鞠躬答谢。

现在让我们看看该如何扮演自己的角色。

保持舞台状态

保持舞台状态意味着无论在工作场所、娱乐场所还是在家中，你都要表现得像一个领导者。就像威廉·莎士比亚说的那样："世界是一个舞台，所有男男女女不过是演员。"[1]

每当你演讲、在会上发言或在走廊和别人交谈时，公司就是你的舞台。其他人都在看你、听你，对你的领导力做出评价。即使在下班后，这样的表演也没有结束，其他人同样需要我们的领导。所以每次说话，你都可以运用从本书学到的技巧。

对于现代职业女性而言，"舞台"这个比喻从未像现在这样贴切。

罗莎贝斯•莫斯•坎特（Rosabeth Moss Kanter）曾经这样评价过今天创新型领导者："他们必须乐于扮演不同的角色、反应迅速、能一心多用、有能力处理突发状况、会即兴演讲，这可不是一个外行能做到的。"[2] 因此，即使场景不同、布景不同、角色不同、观众不同……你每天都要扮演好自己的角色，向大家展示你是一名坚定自信的领导者。

建立个人角色

如果你想在舞台中央活跃，就要创造自己的"角色"。本书列举了一系列助你成功的领导者品质，例如自信、勇气和坚定。我们还在书中阐述了其他美德，如温暖、有活力、有临在力量和认真倾听他人。事实上，本书花大量篇幅解释了你该如何培养这些品质。

优秀演员都知道，这些品质必须由内而外进行塑造。剧作家戴维·马梅特说过："你就是站在舞台上的人。你不能随意修改或塑造舞台上的角色。那就是你。一旦站上舞台，你的角色就确定下来了。"[3] 因此，创造个人角色意味着不仅要发掘你内在的领导者品质，也就是我们在书中讨论过的那些品质，还要找到适合自己的方式来表现这些品质。

这也正是一个演员拍戏前要为角色做的准备。

本书谈到的领导者品质对于一些人来说并非与生俱来的，对一些人而言，有些品质甚至像面具一样。但是从书中大量女性故事和我自己的生活来看，只要我们愿意，我们都能做到鼓起勇气、建立自信、培养坚定的信念。起码你可以强化声音，培养强大的存在感。当你展现出优势，你就会变得更强大。所以，你要把每时每刻都看作建立领导者角色的机会。如果你和我的朋友一样，获得了一个升职机会，而你打算像她那样回应："哦，不了，我还没做好准备！"请告诉自己不要那样做。懦弱、摇摆不定的角色不该由你来扮演。要知道，公司提拔你是因为你有能力承担更高级的职位。因此，我们要扮演强大的角色，给自己定一些有抱负的目标。无论身处何地，我们都要寻找新的机会，散发自己的光彩。

一位叫作简的女士就是这样做的。她和我说她父亲去世时她对自己说："我要代表家里人发表演讲，虽然很难，但我一定能做好。"过去，她总是听从两个哥哥的安排——她的两个哥哥一个是电台脱口秀主持人，一个是运动赛事评论员。她提前做了准备并反复练习，最终在400人面前做了演讲。她得到了许多赞美，她的哥哥们也说："我们不知道你演讲竟然如此妥帖。"她和我说："只有我自己（和我身后的唱诗班）知道我的双腿一直在颤抖。"创造个人角色固然很难且要求严格，但你要时刻鼓励自己探索自身潜力，发掘更强的能力！

熟悉台词

演员不需要逐字逐句地背台词。相反，他们读剧本是为了找到"思路”。同样，这也是你使用演讲脚本的好办法。任何情况下，你都可以将领导者演讲脚本作为普通脚本的模板，把你的脚本按模板灵活地分成几部分。

提前做好准备也必不可少。众所周知，演员会在熟悉台词上花大量时间，比如，他们会在洗澡或散步时练习台词。同样，对于演讲和汇报，你最好给自己几周的时间练习。对于短评，你只需要花一个晚上的时间准备就够了（你甚至可以在去开会的路上熟悉脚本）。至于电梯间谈话或问答环节，花几秒时间足矣。

但在实际操作中，请不要只熟悉台词，还要想一想自己该怎样表达。上文提到过，女性通常希望自己的声音听起来友善、亲切、不具威胁性。但是你不能以这种方式表达你的观点，你应该接受自己说话更有分量、更自信的设定。你要告诉自己，你能承担更重要的角色，而你的语言也能更有分量。

明确目标

演员拍戏都是有目的或目标的。他们在戏剧或荧幕上的任何表现都受到目标的驱使。目标赋予他们的剧本力量，让他们的台词充满活力，让他们的表演充满意义。如果你想在公司舞台或任何其他舞台上获得成功，一定要明确目标。

明确目标可以从以下几个方面做起。

第一，为每场会议设定目标。想一想你希望产生什么样的影响。可以是向客户做了成功的销售，可以是得到了员工的承诺，也可以是获得了项目批准。确定目标之后，就专注地向这个目标努力。你越专注，成功的概率就越大。

第二，为每一段人际关系设定目标。演员很清楚自己想从舞台上的每个人那里获得什么，这个目标会贯穿整部戏，并激励着演员。你也在舞台上，所以也要为自己的每一段人际关系设定明确的目标，而且短期目标和长期目标都要设定。

第三，为职业生涯设定目标。首先要充分了解自己的能力，同时要知道自己想走到哪一步，然后一步一步努力实现目标。演员永远不会停止试镜。你也要将每次演讲视为“试镜”，抓住每个机会向前迈进，每次“试镜”都要全力以赴。唯有这样，你才能建立你的职业大厦。

人生如戏

即便离开了办公室，你也不能停止为“登上舞台”而努力。因为家也是你的舞台。

一位墨西哥城的企业家对女儿露丝的教育非常成功。露丝还是学生的时候就写了一篇关于移民妇女的摄影散文，她给几家报社投了稿，却都被退了回来。一天，露丝去墨西哥城看望母亲，母亲告诉露丝如何利用领导者演讲脚本介绍自己的作品。露丝说：“我很快就写好了稿子并锁定了自己能想到的最著名的报纸——《纽约时报》。通过这件事，我对如何介绍自己和自己的文章有了更清晰的认识，这让我获得了《纽约时报》的采访机会。自然，散文也在 2013 年 4 月被发表。”

你也要向社区的人们伸出援手。伊莎贝尔·尼兹古特（Isabelle Nizincourt）是汉弗莱集团的一名教练，她指导了一位身处墨西哥监狱的女士。30 岁的西尔维娅（Silvia）是一名囚犯，她获准在法官面前参加一个 5 分钟的听证会，对她的案件进行辩护，为 10 年有期徒刑争取提前释放的机会。伊莎贝尔帮西尔维娅重写了辩护词，把“杂乱无章的受害者故事”改成了“胜利者故事”。新的辩护词明确表明西尔维娅会对自己的所作所为负责，以后会改过自新。最后她强烈表示自己会采取实际行动。结果，她获得了 20 分钟的辩护时间，而不只是 5 分钟。西尔维娅现在正在满怀希望地等待判决，因为她的上诉有望获得批准。

当你站上舞台之后，你会发现自己有大量机会向旁人伸出援手——不仅仅是高管、领导、同事和商业伙伴，还有你的家人和邻居。帮助她们，你会看到所有女性都有能力成为坚定自信的领导者。

鞠躬答谢

在结束演讲后，记得鞠躬表示感谢。站上舞台其实是一项高要求、严标准、持续不断的责任。你应该为自己感到骄傲。如果有人恭喜你工作优秀或感谢你领导有方，请大方接受这些赞美。戴维·马梅特说过，当有人对表演者说“你今晚真棒”时，正确的回应应该是“非常感谢”。如果他们能享受当晚的表演，说明你，也就是表演者圆满完成了任务。[4] 所以，不管是领导、下属、同事、配偶、朋友还是社区小组，当有人为你鼓掌时，请大方接受这些赞美，然后鞠躬表示感谢，因为这是你应得的！

如果你想象自己生活中的时时刻刻都在舞台上，想象每一次能够发言的场合都是鼓舞听众的机会，那么人生就是一场精彩的表演。你要充分利用每一次机会，要认真创造个人角色、熟悉台词、明确目标、帮助听众、接受赞美。你会逐渐将登台表演看成一种生活方式、一场真正的戏剧，而你就是这场戏剧的导演和主角。你会拥有一个用自己的领导力影响世界的机会，你有机会让你的同事、领导、家人和邻居都看到你是一位优秀的表演艺术家，而且是舞台中心的主角。事实上，公司需要我们承担这样的领导者角色，我们的家人和邻居也需要这样的领导力。女性朋友们，是时候登上舞台中央了。也许“登上舞台”对你而言遥不可及，但是一旦这么做了，我们就会发现自己内心的声音更强大、清晰，也更有影响力了，它能改变我们、改变他人、改变我们的公司、改变我们所处的环境。还在等什么？快行动起来吧。

译后记

前前后后几个月的时间，《即兴演讲 2》的翻译工作总算是完成了。翻译过程中我自然遇到了一些小困难，有些英文表达看似明白，但就是找不出一个完美的、与之对应的中文词语来代替。看来，提高英文水平的同时，对博大精深的中文的钻研也不能懈怠。此外，作者提到的诸多著作也是翻译时的一大难题。有些著作已有中文译本，而有些则没有在国内出版发行。翻译那些还没有中译本的著作的名称着实令我犯难，因为不看书籍内容，单从一个简短的标题入手确实无法准确地译出书名。我尽我所能在网上查阅了大量资料，但有些书的内容还是无法查阅，我只好根据外国网友的书评对部分书进行了解，直译再加上一些个人理解，最终也算是完成了著作名称的翻译。虽有以上问题，但整个翻译过程还算顺利。疫情当前，响应国家号召，我每天在家不外出，竟仿佛给我翻译本书装上了加速器。当然还是希望疫情快点结束，每个人都能不戴口罩就享受阳光与微风。

接下来我想谈谈当今社会女性的现状和《即兴演讲 2》这本书。当今社会对女性的包容与开放前所未有，然而许多女性却被自己缚住了手脚，以至于无法大展宏图。尤其在职场，这种束缚更是令女性在事业上捉襟见肘。束缚形成的原因有许多，来自父母、教育、社会环境、自我认知，等等。而说话是大多数人与生俱来的能力。可正是这人人都有、与生俱来的能力成为阻碍女性事业发展的一大难题。本书即以“语言”为切入点，详述女性在职场上遇到的各种与说话相关的问题，深入剖析了问题所在、问题的原因以及解决方法。此外，作者还引用大量实例让读者更能将自己带入其中。对于想在事业上有所成就的女性来说，《即兴演讲 2》绝对是不二宝典。

单从字面上看，许多人会和最初接触这本书的我一样认为本书是教大家在面临紧急情况时如何发言、如何“打无准备之仗”的。但实际上，从来没有一次发言或演讲是完全即兴的——这正是作者朱迪思在书中向读者传递的信息。正如第四章中，在作者谈及大胆发言时，有一条需要注意的内容便是“切记做足准备”。无论在大众面前演讲、在会议室发言，还是在茶水间或电梯间与上司、同事交谈，这一切在作者看来，都需要提前做好准备，只有提前做好准备，你才能在紧急情况下发表完美的“即兴演讲”。所以说，《即兴演讲 2》一书真正传递给读者的思想其实是“不打无准备之仗”。

在翻译本书时，作为“新时代女性”的我其实共鸣十分强烈，并且常常在看到某些问题后连连肯定，心想：“这不正是我吗？”除我自己以外，我周围的许多女性朋友也存在不少书中提到的问题。因此，在翻译本书的同时，我也效仿了书中的一些方法，希望自己能有所改变。按照书中的方法对自己进行训练后，的确有一位关系比较密切的朋友发现我说话时与从前有所不同。虽然目前只有一位朋友观察到了我的变化，但已经非常令人欣喜了。如果我能长久地坚持书中提到的内容并把它们变成自身习惯，想必会有可观的收获。

对于想要改变的女性，阅读本书就是一个非常良好的开始，从看似简单的“说话”开始，一步一步做出改变，活成自己理想中的样子！

彭玮

2020 年 4 月 22 日

致谢

本书集合了许多“声音”，多亏这些故事，它们让本书得以内容丰富。

汉弗莱集团为我走的每一步都给予了丰富的指导。我尤其要感谢尼基·瓜达尼和玛吉·哈克拉克，她们是经验丰富的教练，慷慨地为我提供了许多教学过程中遇到的轶闻趣事和个人见解。她们在读过本书后提出了具有启发性的建议。公司还有许多为本书提出深刻见解的人，布兰达·艾伦（Brand Allen）、瓦妮莎·艾弗路斯金（Vanessa AvRuskin）、琳达·格里菲思、艾莉莎·兰斯戴尔（Elissa Lansdell）、凯特·林奇（Kate Lynch）和乔斯林·祖科（Joycelyn Zucco），以上所有人都在“登上舞台”培训项目中担任教练一职。她们对项目的热情投入、同客户的交流和演讲方面精湛的技巧，尤其是在发音、气场等方面的技巧，都对本书的完成发挥了巨大作用。我还要感谢丹·杜穆沙（Dan Dumsha）为第二十三章提出的真知灼见。

同时，我也要向全球赞助“登上舞台”项目的广大公司表示感谢，他们为本书提供了宝贵的反馈。其中包括美国银行、百思买集团、基华物流、加拿大帝国商业银行、康宁公司、戴尔公司、法国燃气苏伊士集团、加拿大黄金矿业公司、汇丰银行、IBM 集团、加拿大安大略电力公司、沃尔玛墨西哥分公司、美国特比勒顿投资控股集团和加拿大皇家银行。在此，我要特别感谢 IBM 集团，感谢它们与汉弗莱集团合作，开发出一种女性可以在公司内部直接接受培训的培训模式。IBM 软件总监梅丽莎·唐纳（Melissa Downer）一位中间人，她说："我有机会成为登上舞台项目的合伙领导人，我发现这个项目是一个将大量女性聚集在一起，对她们进行有价值的职业培训的活动。作为女性，我们需要同男同事一样，自信地站出来，大胆地发言。"

我要感谢所有与我大方分享自己故事的女性。这些故事关于勇气、胆识、坚定和成功，而分享人来自不同地区、处于不同职位，正是这些故事组成了本书生动丰富的内容。事实上，正因为她们分享了亲身经历，读者们才能看到"登上舞台"积极、真实的效果。

我也非常感谢我的私人客户，多年来，她们为我提供了不同的视角，让我了解女性的沟通方式。这是一项非常特殊的工作，本书的许多见解均来自这些女性，是她们与我分享了想法、抱负和目标。

虽然本书主要描述我们培训女性的过程，我也联系了一些男性，向他们请教对职场女性的挑战和机遇的看法。这些男性领导者均支持各自公司中的女性发展事业，他们非常慷慨地与我分享了他们的经验。我尤其要感谢加阳国际农业公司 CFO 史蒂芬·戴尔、安大略省某公司代理 CEO 兼首席转型官汤姆·马里内利、加拿大皇家银行环球资产管理公司 CEO 约翰·蒙塔尔巴诺、加拿大帝国商业银行世界市场 CEO 理查德·甘斯比特和 PRISM 咨询公司负责人杰伊·雷德曼（Jay Redman）。他们的态度在"如何领导女性员工"板块中有所体现。

我还要感谢那些不辞辛苦阅读本书草稿并给出宝贵建议的人。我在汉弗莱集团的几位同事——布兰达·艾伦、辛西娅·沃德（Cynthia Ward）、尼亚姆·费莱利（Niamh Farrelly）以及余芳（Fang Yu，音译）仔细审阅了大部分手稿，同样仔细审阅手稿的还有毕马威（多伦多）的多元化经理利兹·雷诺兹。我还想感谢光辉国际（休斯顿）的负责人凯瑟琳·加博尔，她推荐许多人来参加“登上舞台”项目，她也读了手稿，提供了许多精彩的案例分析。

我的丈夫马克·埃格纳尔将手稿读了一遍又一遍，为每一章提供了编辑指导——虽然我觉得建议已经够多了！我写书的几年时间里，他一直是我坚强的后盾。我们的儿子，巴特·埃格纳尔和本·埃格纳尔，是我的骄傲：巴特现任汉弗莱集团新一任 CEO，使我能将大把时间和精力放在写书上，而且他带领汉弗莱集团走向了新的高度。本是一位年轻的广告人才，他“精彩绝伦的点子”也让我感受到了创造力。我们的哈巴狗希金斯在我写作时总是蜷作一团，挨着我的脚呼呼大睡。

威立/乔西-巴斯出版社也给予了我莫大的支持。高级编辑凯伦·墨菲（Karen Murphy）组建了一支优秀的协助小组。编辑克里斯汀·摩尔（Christine Moore）的回复总是热情又迅速，她对稿件的见解富有专业性，她甚至跟着做了书中提到的练习！编辑助理约翰·麦斯（John Mass）具备一切作家希望看到的品质：在提出个人观点和接受我的看法时热情、积极、温暖、大方。产品经理马克·卡曼迪（Mark Karmendy）负责书籍的整个生产过程，并且对我的几次修改非常宽容、大度。定稿编辑帕姆·苏文斯基（Pam Suwinsky）也是如此，她非常仔细地检查了整本书。这是一次令人激动的合作，我非常荣幸能与如此专业、资深的团队合作，同时我也很开心能与威立出版社再次合作，正是他们出版了我的第一本书。

我很荣幸能与如此豪华的“演员阵容”共同登台，也希望读者们能从本书中受益。再次感谢参与本书制作的每一位朋友。

作者介绍

朱迪思·汉弗莱是汉弗莱集团创始人兼首席创意官，该公司25年来致力于培训高管和领导者影响、鼓舞听众。

汉弗莱集团的创立源于朱迪思的观点，她认为从领导力角度来看，交流也需要培训，目的是确保一字一句都能展现人们应有的领导力。汉弗莱集团将交流与领导力两个领域结合起来，告诉客户如何通过强大的语言展现领导力。公司注册商标的项目有以领导口吻讲话（Speaking as a Leader）、高层领导交流指南（Communication for the Senior Leader）、领导力会谈（Leadership Conversation）和领导力表现（Leadership Presence）。汉弗莱集团还与尼亚加拉研究所（The Niagara Institution）合作开展项目。

“登上舞台”和“征服舞台”（Succeeding on Stage）是公司主打的两个女性项目，在过去10年里，全球近50万女性参与了这个项目。在学习大胆说出内心的想法、在舞台上秀出自己和发展事业的方法后，这些女性都找到了自身的力量与自信。朱迪思本人与这些项目渊源很深，因为她一生都站在舞台上——她曾是小提琴演奏者、大学讲师以及演讲培训公司总裁。

朱迪思在罗切斯特大学（The University of Rochester）获得英国文学硕士学位。她的毕业论文所在的《重要演说集》（*Vital Speeches*）得到重印，同时她还是《即兴演讲：掌控人生关键时刻》（*Impromptu: Leading in the Moment*）一书的作者。2012年，多伦多基督教女青年会（YWCA of Toronto）授予她“杰出创业女性奖”。朱迪思和丈夫马克在多伦多和墨西哥两地居住，他们育有两个儿子，巴特·埃格纳尔和本·埃格纳尔，大家庭中还有两位儿媳艾米莉·玛瑟和余芳、孙子凯·埃格纳尔和一只黑色的哈巴狗——希金斯。

汉弗莱集团在多伦多、温哥华、卡尔加里和墨西哥城均设有办公室。

版权声明

Taking the Stage: How Women Can Speak Up, Stand Out, and Succeed

ISBN 978-1-118-87025-9